pour faire du théâtre chez soi

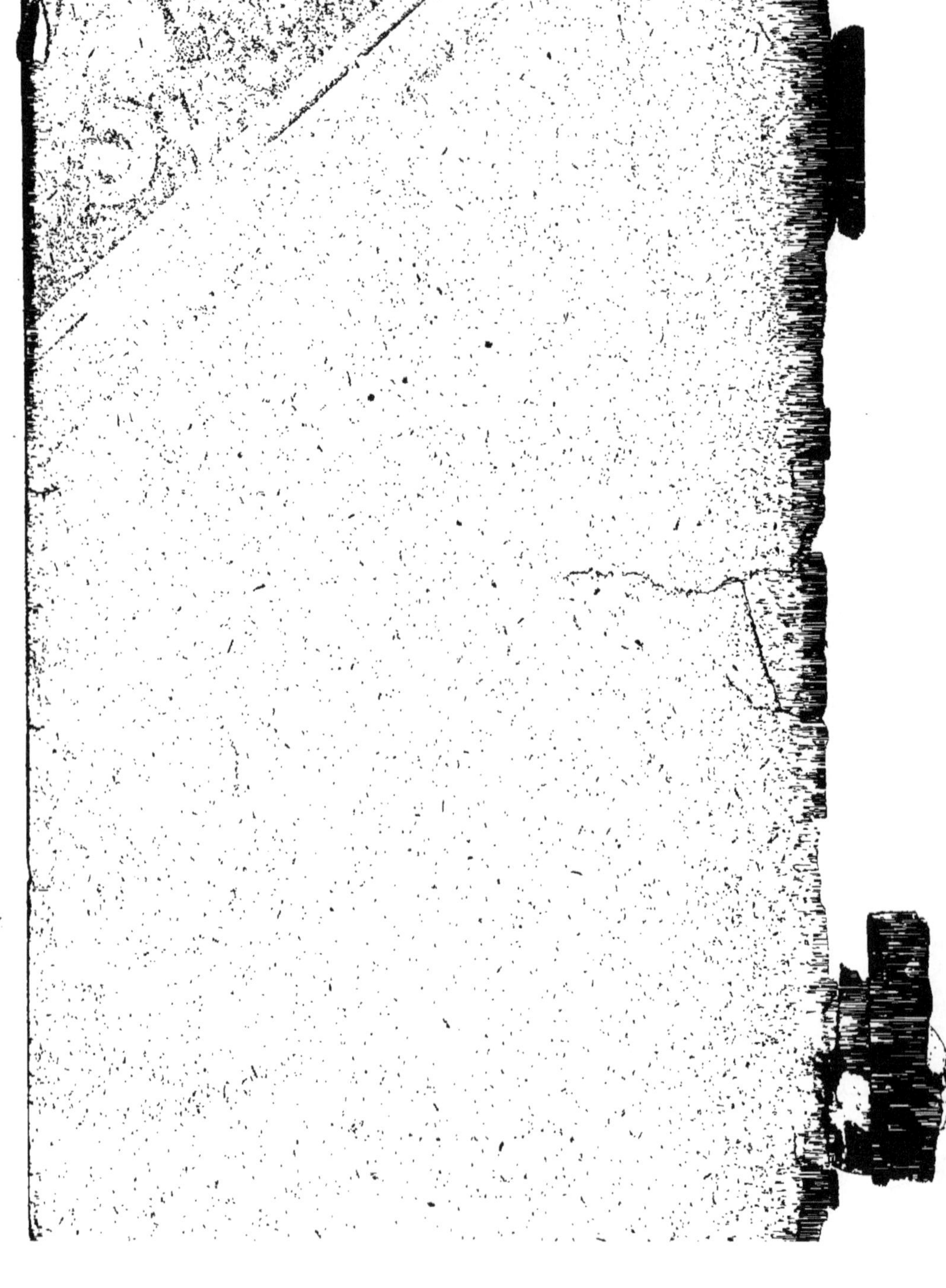

POUR FAIRE
DU THÉATRE
CHEZ SOI

HENRY DE GRAFFIGNY

POUR FAIRE DU THÉATRE CHEZ SOI

OUVRAGE ILLUSTRÉ DE NOMBREUSES FIGURES

MARIONNETTES ::: GUIGNOLS

OMBRES CHINOISES ::: PROJECTIONS ::: CINÉMAS

THÉATRE D'AMATEURS

PRESTIDIGITATION ET MAGIE NOIRE

ALBIN MICHEL, ÉDITEUR

PARIS. — 22, RUE HUYGHENS, 22. — PARIS

Le théâtre chez soi

CHAPITRE PREMIER

Le théâtre chez soi

Le goût des spectacles de toute espèce est universel, et le théâtre est un divertissement qui plaît à tous, petits et grands. La preuve en est fournie par le nombre considérable d'établissements qui offrent au public une infinité de spectacles différents où la vue et l'ouïe trouvent un plaisir sans cesse renouvelé. On peut dire qu'il y en a pour tous les goûts, depuis les pièces les plus gaies, accompagnées ou non de musique, jusqu'aux drames les plus noirs qui suscitent l'épouvante ou font ruisseler les larmes des yeux des gens sensibles. Il y a aussi le cinéma, le cirque, les escamoteurs, les séances purement musicales ou sportives où chacun se rend suivant ses préférences pour se délasser pendant quelques instants du labeur journalier.

L'art scénique recrute tant d'amateurs, qu'il n'est pas de réunion ou de solennité qui ne s'accompagne d'un concert, le plus souvent suivi d'un bal. Et, bien entendu, cette partie de concert comporte une ou plusieurs saynètes ou sketches où se distinguent des artistes improvisés, souvent supérieurs aux professionnels. Enfin, lorsque le temps est maussade pendant les vacances à la campagne, il n'est rien de mieux ni de plus fréquent que de voir les invités organiser une représentation sur une scène rapidement installée dans un salon ou même en plein air.

Les enfants eux-mêmes n'ont pas de plus grand amusement que de se donner la comédie les uns aux autres en variant les sujets à l'infini suivant les caprices de leur imagination sans cesse en action. D'ailleurs, il se familiarisent souvent aux choses de la scène grâce aux petits théâtres jouets qu'on leur distribue souvent à l'occasion de Noël ou des étrennes. Les acteurs ne sont que de petites poupées, mais celui qui les actionne les fait parler à sa fantaisie, et, devant ses frères et sœurs ou quelques camarades assemblés et constituant le public, l'impresario donne libre carrière à sa fantaisie, tout en faisant évoluer les personnages sur la scène minuscule.

Ainsi, les enfants peuvent profiter du théâtre à la maison et se donner l'illusion d'assister à des représentations véritables, alors que les grandes personnes doivent se déplacer pour aller entendre ou voir jouer les artistes lyriques ou dramatiques renommés... à moins de se contenter de les écouter dans un phonographe ou par la téléphonie sans fil.

L'énumération qui vient d'être faite montre quelle est la variété des spectacles suceptibles de distraire ou de récréer petits et grands *à la maison*, sans quitter le *home* familial. Je les passerai donc l'un après l'autre en revue dans ce petit opuscule qui est *entièrement nouveau* dans toutes ses parties, et ne demande rien à aucun travail antérieur publié dans des Collections de livres à bon marché. Je ferai remarquer d'ailleurs qu'il y a un quart de siècle, on ne connaissait ni le cinéma, ni la transmission de la parole articulée et de la musique par les ondes électriques traversant l'espace. Afin, de procéder méthodiquement, les différents sujets seront étudiés dans l'ordre suivant :

L'édification des petits théâtres de marionnettes à fils pour les enfants, avec la manière de s'en servir, ainsi que la fabrication des acteurs.

De même pour les théâtres de guignol : leur construction, leur éclairage, leur décoration, la préparation des personnages, la manière de les faire parler.

Les ombres chinoises, avec les mains ou des personnages découpés.

La magie noire, les théâtres pour l'escamotage et l'illusionnisme.

Les projections lumineuses avec la lanterne magique moderne; le cinéma des familles agrémenté de concerts par Tp. S. F., le dernier mot du progrès.

Enfin, les théâtres d'amateurs, pour acteurs véritables ; agencement du *plateau* et de ses annexes pour représentations particulières.

C'est dans le but de faciliter la besogne aux jeunes amateurs de spectacles de toute espèce que j'ai réuni les matériaux composant ce petit ouvrage, me référant d'ailleurs à mon expérience personnelle en la matière. En effet, durant le cataclysme mondial de 1914-1918, les circonstances s'étaient trouvées telles que j'avais accepté de collaborer à une œuvre philanthropique du plus haut intérêt, organisée par le *Rockefeller Foundation* et la *Croix-Rouge* des Etats-Unis dans le but de combattre la tuberculose et la mortalité infantile en France. Mais après quelques mois de campagne dans plusieurs départements, en qualité de chauffeur et d'opérateur cinématographiste, je me rendis compte que c'étaient surtout les enfants qu'il fallait instruire et moraliser, et pour faire pénétrer les enseignements de l'hygiène dans ces jeunes intelligences, je voulus appliquer le vieux proverbe latin *Utile dulci*, et les instruire en les amusant.

Un matériel de théâtre de marionnettes démontable fut donc établi; je composai quelques pièces : *Paulot fait la guerre aux microbes*, le *Marchand de Santé*, la *Visite au sanatorium* (en deux tableaux), et pendant deux années entières, je parcourus la France dans tous les sens avec ce théâtre, accompagnant l'une ou l'autre des quatre équipes de la *Mission Américaine*, faisant la propagande dans le pays, et jouant moi-même mes pièces pour le plus grand amusement, ainsi que pour l'éducation hygiénique de plus de deux cent mille auditeurs.

Je crois donc pouvoir arguer de quelque compétence dans le sujet que je vais traiter, et, sans davantage de préambule, je vais commencer mes explications pratiques commençant par ce qu'il y a de plus simples ; les petits théâtres de fantoches ou poupées *à fils*, désignées ainsi pour les distinguer des *pupazzi*, ou marionnettes constituées par un simple sac dans lequel on glisse la main pour faire mouvoir la tête et les bras simplement en remuant les doigts. Et après avoir parlé des marionnettes de toute espèce, j'arriverai aux autres catégories de spectacles que j'ai énumérées un peu plus haut.

Les théâtres de fantoches

CHAPITRE II

Les théâtres de fantoches

CONSTRUCTION DES PETITS THÉATRES
DE MARIONNETTES A FILS
LES ACTEURS. COMMENT ON LES FABRIQUE
ET LES MANŒUVRE

Une scène de théâtre est une construction toute particulière et disposée de façon à recevoir une décoration pouvant être posée et enlevée en quelques instants. Elle comporte en premier lieu une *façade* servant de cadre fermé à volonté par un rideau mobile, s'écartant ou s'élevant pour laisser apercevoir l'intérieur. L'ouverture de la scène peut être rétrécie au besoin par le déplacement de deux draperies verticales situées à droite et à gauche et qui portent le nom de *manteau d'Arlequin.*

Sur le plancher de la scène ou *plateau* sont ménagées des rainures et des trappes donnant accès à l'étage inférieur ou *dessous.* Dans des rainures ou *costières* glissent des mâts, maintenus verticaux par un contrepoids disposé au pied de ces mâts ou portants, sous le plancher et le long desquels se fixent les parties de décors appelés *coulisses.* Le fond de la scène est fermé par une toile peinte ou *rideau de fond* constituant le décor. Enfin, le plafond est formé par des bandes de toile peintes ou *frises* représentant soit une draperie, soit des nuages.

La construction des théâtres-jouets de petites dimensions est très simplifiée. L'ensemble se compose d'une boîte rectangulaire faite de planchettes assemblées à l'aide de pointes fines et de colle forte ; les côtés de la façade, plus ou moins ornés et dorés, affectent un style particulier et supportent un fronton triangulaire ou elliptique avec un cartouche au milieu et le mot : *Opéra* ou *Comédie.* La scène ne comporte ordinairement que deux plans de coulisses fixes ou interchangeables, et les décors sont brossés à la main ainsi que le rideau d'avant-scène.

Le procédé le plus simple pour construire soi-même un petit modèle de théâtre de marionnettes consiste à se procurer directement aux Imageries d'Epinal des feuilles imprimées représentant les façades, décors et coulisses pour la représentation des pièces que l'on veut jouer. Supposons donc que l'on veuille établir un théâtre de marionnettes à fils mesurant 0 m. 80 de largeur, 0 m. 75 de hauteur et 0 m. 60 de profondeur. On procédera de la manière suivante :

On commence par se procurer une boîte ou une caissette de 0 m. 80 × 0 m. 60 et 0 m. 15 de haut et sur le fond de cette boîte, à 10 centimètres du bord, on dresse la façade. La feuille imprimée est collée sur une feuille de carton épais que l'on découpe avec un tranchet ou une pointe d'encadreur d'après le contour indiqué et à l'intérieur afin de laisser le vide nécessaire pour le rideau d'avant-scène.

La façade est maintenue en place par deux côtés de 0 m. 75 de haut et 0 m. 70 de large en bois contreplaqué ou en carton, cloués avec des pointes fines sur des tasseaux renforçant la façade. Ces deux côtés porteront, à leur partie supérieure, deux crémaillères en bois horizon-

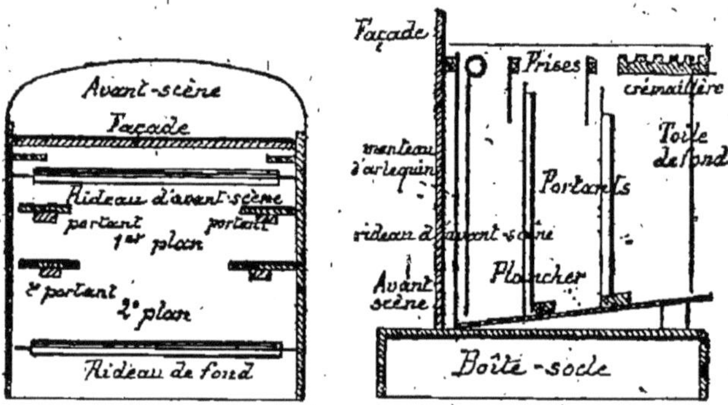

Fig. 1 et 2. — Plan et vue de côté d'un petit théâtre de marionnettes.

tales, dont les creux seront parfaitement en face les uns des autres. Ces crémaillères sont desti-nées à recevoir et supporter les frises ou bandes de ciel et les rideaux de fond.

Le manteau d'arlequin est fixé en arrière de la façade; il est collé sur un carton mince, découpé et cloué sur des tasseaux verticaux. Le rideau d'avant-scène peut être disposé de deux façons différentes : soit collé sur une feuille de carton rigide, soit sur une bande de calicot, de manière à pouvoir se rouler sur un bâton cylindrique (un manche à balai convient très bien). Les deux procédés ont chacun leurs avantages et leurs défauts.

Les portants, destinés à soutenir les coulisses, seront faits avec des lattes ou des réglettes de bois de 50 centimètres de haut, clouées sur le dessus de la boîte constituant le plateau. Il en faut trois de chaque côté, à 12 centimètres l'une derrière l'autre et à une distance de 15 centimètres des deux côtés latéraux de la boîte.

Les rideaux de fond formant le fond des décors, et dont les dimensions seront de 0 m. 60 de large et 0 m. 40 de haut, seront, comme le rideau d'avant-scène, collés, s'ils sont faits de feuilles de papier imprimé, sur du calicot ordinaire. La largeur de celui-ci étant de 80 à 82 centimètres, on pourra donc en coller deux côte à côte. Ces fonds seront ensuite fixés sur des réglettes ou des baguettes de bois de 0 m. 78 de longueur dont on fera reposer les extrémités dans les creux des dents de la crémaillère.

Au lieu de coller ces fonds sur de l'étoffe, on peut les fixer de même sur des feuilles de carton mince ; il est plus facile ensuite d'y découper des portes, des fenêtres, des ouvertures de toute espèce que l'on ferme soit avec des panneaux de même matière pour rendre ces portes mobiles ou avec des papiers transparents selon l'effet à obtenir.

Les frises ou bandes de ciel seront faites de même avec des cartons découpés fixés sur des réglettes ; mais cette disposition présente un grave inconvénient pour les théâtres de marionnettes à fils car il est impossible de faire déplacer les acteurs dans le sens de la profondeur du théâtre, depuis le fond ou lointain jusqu'à l'avant-scène ou inversement. Les tringles et fils servant à les mouvoir buteraient contre ces réglettes de support et on ne pourrait les faire passer d'un plan à l'autre. Il faudra donc supprimer ces frises si l'on veut laisser vide le dessus ou *cintre* du théâtre pour permettre la libre évolution des personnages sur le *plateau*, ou faire reposer les réglettes sur le sommet des portants autour desquels les marionnettes devront tourner pour passer d'un plan à l'autre.

Les coulisses se rapportant à chaque tableau seront collées sur carton et leurs contours découpés avec des ciseaux. Le mieux, pour les fixer aux portants, est de les munir en haut et en bas de deux agrafes fixées par des *semences* fines de tapissier enfoncées dans le carton. Ces agrafes, ayant leurs pointes dirigées vers le bas, s'engageront dans deux anneaux correspondants, cloués sur la face avant de chaque portant à la hauteur convenable. On pourra donc mettre toute la décoration d'un tableau en place en moins d'une minute et la retirer de même en tirant chaque coulisse de bas en haut pour dégager les agrafes.

Il est nécessaire de munir le théâtre de plusieurs décors différents représentant chacun un sujet particulier. Il y a les tableaux d'*intérieur* et ceux d'*extérieur*. Parmi les séries imprimées et que l'on peut trouver chez les éditeurs, on peut citer les suivantes :

Chambre rustique ;
Salon ;
Intérieur de prison ;
Intérieur d'un palais ;
Gare de chemin de fer (salle d'attente) ;
Intérieur d'un café ;
Cuisine de campagne ;
Intérieur d'un magasin ;
Jardin d'hiver et serre ;
Salle intérieure de manoir gothique ;

Place publique ;
Forêt ;
Vue de campagne par la neige ;
Ferme et moulin à vent ;
Extérieur de château fort ancien ;

Parc et jardin ;
Paysage polaire ;
Paysage chinois ;
Précipice et pont ;
Décor de féerie ;
Caverne souterraine.

Chacun de ces décors forme une feuille imprimée en couleurs et rehaussée de parties dorées pour certains ; ils sont complétés par une feuille représentant les coulisses encadrant le rideau de fond à des plans différents. Cet assortiment permet de jouer un grand nombre de pièces, mais on peut se contenter, au début, des plus indispensables, trois d'intérieur : le salon, la cuisine rustique et la prison, et trois d'extérieur : la place publique, la forêt et le parc. On peut estimer, en construisant soi-même le théâtre, la dépense à consentir à une vingtaine de francs, pour l'achat des feuilles imprimées, du bois, du calicot ou du carton et des accessoires.

Je rappellerai qu'il existe plusieurs grandeurs

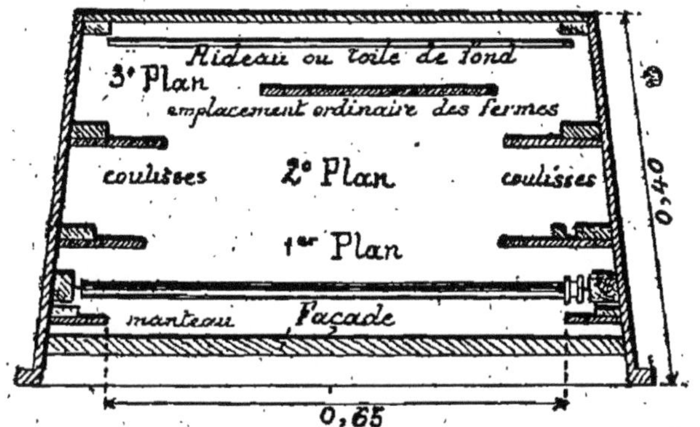

Fig. 3. — Plan d'un petit théâtre pour enfants.

de feuilles pour décors de petits théâtres de marionnettes, depuis 0 m. 20 de haut jusqu'à 0 m. 60 de large. La dépense sera, naturellement, en rapport avec la dimension adoptée.

GRAND MODÈLE DE THÉATRE DE MARIONNETTES

On a tenté à diverses reprises de faire revivre le spectacle que Séraphin avait créé au Palais-Royal en 1790 et qui avait été remis à la mode par Holden en 1875, puis par les deux frères de Saint-Genois qui se sont fait connaître sous les pseudonymes de Dicksonn et de John Hewelt. Voici quelques indications relatives à la construction d'une grande scène pour acteurs mesurant jusqu'à 70 centimètres de hauteur.

Il faudra, avec cette dimension d'acteurs, une scène ayant une ouverture d'au moins 3 mètres de largeur et 1 m. 80 de hauteur, ce qui conduit à donner à la façade 5 mètres de large et 3 de haut, le plancher de la scène étant à 0 m. 80 au-dessus du sol.

Le plancher de scène mesurera de 20 à 25 mètres carrés de surface et sera équipé avec des costières, trappes et trapillons, exactement comme un grand théâtre. Les portants auront 2 mètres de haut et les rideaux 6 mètres carrés de surface. Il sera nécessaire de prévoir tout l'éclairage voulu, ce qui nécessitera une centaine de lampes à incandescence de 10 à 100 bougies réparties dans les rampes, les herses cachées par les frises et les traînées derrière les portants. Si l'on ne dispose pas de l'espace voulu dans le sens de la hauteur pour relever les rideaux tout d'une pièce, on roulera les toiles sur des perches et on les manœuvrera comme on ferait de stores pour changer le décor.

Une partie essentielle, dans un théâtre de marionnettes, est la *passerelle* ou *pont* traversant la scène dans toute sa largeur, immédiatement en arrière de la toile de fond. C'est sur cette passerelle que se tiennent les opérateurs pendant la représentation pour tenir les personnages et diriger leurs évolutions.

On conçoit qu'un théâtre de ce genre est une construction toute différente de celle d'une petite comédie-jouet, et que son prix de revient peut être fort élevé. Il nécessite en effet une charpente considérable, des décors de grandes dimensions peints à la main et par suite fort coûteux, enfin tout l'équipement à échelle réduite d'un véritable théâtre. Aussi, la chose ne se comprend-elle que pour une entreprise payante destinée au public, et comme il s'en est organisé plusieurs à Paris à différentes époques.

FABRICATION DES MARIONNETTES

Le théâtre, agencé ainsi qu'il vient d'être dit, ne constitue que la moitié du matériel : l'autre partie est formée des personnages devant agir dans ce cadre spécial.

Les comédies-jouets vendues dans les bazars comme cadeaux d'étrennes sont complétées par une boîte contenant une demi-douzaine d'acteurs, simples poupées de 8 à 10 centimètres de haut traversées par un long fil de fer que l'enfant doit tenir par son extrémité supérieure pour la faire se déplacer sur la petite scène. On a fabriqué également ces petits personnages en carton mince découpé, et les représentant vus de face et de dos. Mais l'effet n'est pas très fameux, puisque ces personnages sont plats et ne peuvent être vus de profil. Il n'est d'ailleurs pas beaucoup meilleur avec les poupées suspendues à un unique fil de fer, et à qui il est impossible de communiquer aucune apparence de vie. Avec ces petites marionnettes,

on ne peut obtenir d'autres mouvements que
ceux de droite à gauche dans le même plan,
les frises empêchant le fil de soutien de passer.
Il faut les faire disparaître derrière une coulisse
et les enlever au-dessus de cet obstacle pour les
faire passer d'un plan à l'autre. De plus, quand
le décor comporte des portes d'entrée, celles-ci
ne servent à rien, il n'est pas possible d'y faire
entrer ou sortir les acteurs, ceux-ci doivent
toujours disparaître par les coulisses de droite
ou de gauche : il ne peut y avoir aucune illusion avec ces personnages rigides, et c'est pourquoi il est préférable de fabriquer soi-même ces
poupées.

On se procurera donc du fil de cuivre nu ou
recouvert de coton, tel que celui qu'on emploie
pour les fils de sonnettes électriques, et qui est
plus facile à plier et moins cassant que le fil de
fer. On tortille ce fil de cuivre pour lui donner
approximativement la silhouette humaine, avec
trois fragments repliés représentant, l'un le
contour du torse et de la tête, le deuxième,
placé en croix, les épaules et les bras, le der-

nier les hanches et les jambes, ces trois morceaux étant rattachés à l'aide de ganses de fil à
coudre ordinaire.

En possession de ce squelette rudimentaire,
on le recouvre d'abord d'une chair factice qui
sera faite d'un rembourrage de papier, ou, mieux,
d'ouate. Ce rembourrage sera maintenu en
place par un long fil de laine à tricoter qu'on
enroulera par-dessus l'ouate en spires serrées,
d'abord autour des quatre membres, ensuite
autour du buste. Ces spires devront être parfaitement réguliers, et on en superpose plusieurs
épaisseurs dans les points où la chose semble
nécessaire. Quand la forme générale du corps
humain a été reproduite aussi exactement que
possible, on pose la tête qui sera faite en carton
plein, moulé, ou ce qui est mieux avec une tête
en porcelaine de grosseur convenable.

La poupée ainsi préparée est ensuite habillée
d'un costume correspondant au rôle qu'on
compte lui faire jouer. Si l'on ne sait ni tailler
ni coudre, on ne fera pas ces petits habits en
étoffe (ce qui serait cependant préférable), mais

en papiers de soie de différentes couleurs. Inutile alors de compliquer le travail : les formes en « abat-jour » ou en « chasuble » suffisent parfaitement. Taillez large, puis ajustez à coups de ciseaux après avoir appliqué la robe sur l'acteur. Donnez, par un chiffonnage approprié, les plis qu'il faut et attachez ou serrez avec du fil là où il en est besoin. Vous arriverez ainsi à confectionner, avec un peu de goût et d'adresse, une foule de petits personnages d'aspect très amusant. Ensuite vous fabriquerez par les mêmes méthodes, simplement avec du carton mince, du papier et de la colle (c'est la gomme arabique qui convient le mieux) tous les accessoires nécessaires pour jouer une pièce : chapeaux, paniers, armes, etc.

On attache enfin au col de chaque poupée un fil de fer ou même un simple fil de coton noir, fin et solide, fixé à son autre bout à une petite cheville de bois qui permettra de le saisir plus commodément quand on voudra faire tenir debout le personnage et le promener sur la scène en réduction. En imprimant de faibles

saccades à ce fil, on pourra faire danser l'acteur
et le faire évoluer de droite à gauche.

Cette fabrication suffit, toute rudimentaire
qu'elle soit, pour les théâtres petit modèle du
genre de ceux que nous avons décrits au commencement de ce chapitre. Lorsque les dimensions de la scène dépassent un mètre de largeur
et de hauteur, il faut donner de 25 à 30 centimètres de haut aux acteurs et on les prépare
alors comme suit :

Il faut onze morceaux de bois pour faire une
marionnette, trois pour le buste et deux pour
chacun des membres.

Pour fabriquer le torse, on cloue trois morceaux de bois, de façon à former un double T,
ainsi que le montre la figure ci-contre. Ces
morceaux sont plats ou rectangulaires ; on peut
les tailler, dans ce dernier cas, dans une règle
carrée à bon marché et ils sont percés d'un
trou à chacune de leurs extrémités, trou dont
l'utilité sera expliquée un peu plus loin.

Le squelette du personnage étant ainsi préparé, on fabrique le corps et les membres avec

de l'étoupe ou du varech dont on entoure les morceaux de bois, et on termine en roulant par-dessus cette étoupe, afin de la maintenir en

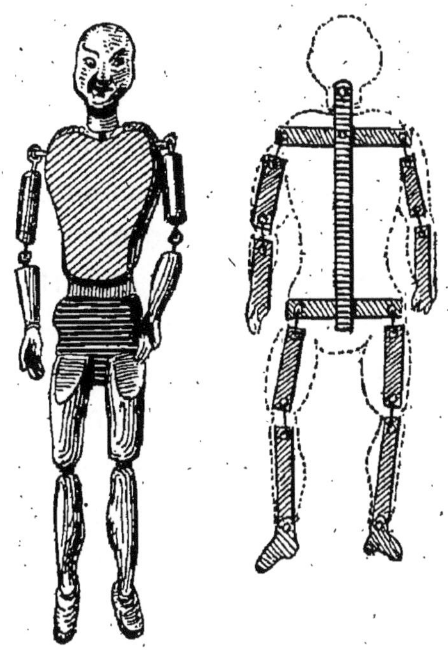

Fig. 4 et 5. — Carcasses de marionnettes à fils.

place, un long fil de laine à tricoter, de même que pour les poupées de petits théâtres. On dispose alors de sept fragments d'inégal volume qu'il s'agit de réunir.

On s'occupe d'abord des bras et des jambes, qui sont en deux pièces, et on les réunit au moyen d'anneaux en fil de fer ou en ficelle serrée peu serrés pour laisser une certaine liberté à l'articulation, puis on complète ces membres en leur ajoutant des pieds ou des mains grossièrement taillés dans du bois, enfin on les attache de la même façon au buste, qui est muni d'une tête en biscuit, en carton moulé ou autre matière plastique fixée au corps par des coutures ou des ligatures appropriées. Il ne reste plus qu'à habiller la marionnette avec des couleurs voyantes, des ornements dorés s'il est nécessaire, des boutons de clinquant ou des étoffes plus sombres selon le personnage qu'elle devra représenter. Enfin on la munit de ses chaussures, de la coiffure qui lui convient et quand elle est entièrement terminée on lui ajuste les *fils de commande* destinés à lui communiquer divers mouvements.

La commande principale de la marionnette

est une tige rigide ou tringle, traversant la tête
de la poupée pour s'attacher au col ou à la car-
casse du buste. Cette tringle, qui, pour une
marionnette de 40 centimètres de hauteur, doit
mesurer environ 1 mètre de longueur est im-
plantée, à son extrémité supérieure, dans une
petite traverse de bois horizontale où viennent
se fixer les fils souples, qui doivent être aussi
fins que possible pour être moins visibles. Il
faut, pour bien faire, au moins six fils, deux par
membre, l'un au poignet, l'autre à la saignée
du bras, deux aux jambes, attachés aux genoux.
Quand les sujets représentent des femmes, la
robe est tendue sur une étoffe rigide et les
quatre fils des bras peuvent suffire.

On comprend qu'une marionnette construite
d'après ces méthodes n'est pas très coûteuse,
les matériaux entrant dans sa composition :
bois, étoupe, ficelle, toile d'emballage, rognures
d'étoffe, fil de fer et fil à coudre pouvant être
acquis sans grande dépense, à part les têtes
moulées, en biscuit, avec perruques (têtes de
poupées ordinaires).

Dans les théâtres de marionnettes ouverts au public, les personnages ont une hauteur de 50 à 70 centimètres, selon les dimensions de la scène où ils sont appelés à évoluer. Certaines de ces poupées sont entièrement taillées dans un bois assez tendre, tel que le tilleul (le liège, moins dense, serait bien préférable), mais elles sont pesantes et d'un maniement plus difficile.

Dans les modèles perfectionnés, le buste seul est en bois ; la tête, qui a besoin d'être plus légère est en carton moulé, peint et verni tandis que les membres, qui doivent être très souples, sont faits avec des morceaux taillés dans une corde assez grosse. Les extrémités, pieds et mains sont garnies de petits bracelets de plomb, de façon à retomber vivement après que le membre commandé a été levé par une traction opérée sur le fil.

Le mécanisme de certaines marionnettes est fort compliqué pour se rapprocher le plus possible de l'apparence humaine : la mâchoire inférieure, alourdie d'un grain de plomb, est rendue mobile, de telle manière que la bouche peut s'ouvrir et se fermer, et il en est de même des yeux qui peuvent paraître ouverts ou fermés selon que la tête est ou non baissée.

Le personnage est soutenu par la tringle traversant la tête, et les fils qui font mouvoir les membres n'ont à supporter que le poids de ceux-ci. La traverse terminant la tringle en haut est complétée par un crochet servant à suspendre la marionnette pendant le repos.

COMMENT ON MANŒUVRE LES MARIONNETTES

Lorsqu'on veut obtenir des mouvements d'ensemble avec plusieurs personnages, on emploie le dispositif suivant : les acteurs devant agir simultanément sont accrochés par leur tringle à une barre unique et les fils de commande des membres sont réunis de façon qu'ils se déplacent tous ensemble quand on tire un seul fil. C'est ainsi que, s'il s'agit de danseuses, on peut leur faire lever la jambe à toutes en même temps suivant la cadence de la musique. On peut les faire pirouetter, bondir, battre des entrechats avec une simultanéité et une précision qui émerveillent les spectateurs.

Le prestidigitateur Dicksonn et son frère connu sous le pseudonyme de John Hewelt, présentèrent des marionnettes très remarquables et dont voici le mode de construction : la tête, munie d'une mâchoire articulée, est réunie au buste par deux pitons fermés. Ce buste taillé dans une planche épaisse, est en deux parties reliées l'une à l'autre par des languettes de cuir épais, et il en est de même pour les membres, dont les articulations sont des pitons entrelacés pour les épaules et les genoux, des bandes de cuir pour les avant-bras, les poignets et les pieds. Ainsi composées, ces poupées sont douées d'une souplesse et d'une élasticité parfaites dont l'artiste peut tirer le plus heureux parti.

Le mécanisme permettant de leur communiquer tous les mouvements désirés est le suivant : la marionnette est suspendue au corps même de l'opérateur par une espèce de dos de cuirasse ne gênant aucun de ses mouvements et fixé par deux bretelles. Ce dos est pourvu d'une tige de fer ayant à sa base une vis d'arrêt permettant de l'élever ou de l'abaisser à volonté et qui se recourbe au-dessus de la tête du marionnettiste. Cette tige se termine par un crochet mobile en tous sens, auquel se suspend, par l'intermédiaire d'un piton fermé, la tringle horizontale recevant, avec tous les fils de commande, la tringle de suspension de la marionnette quand celle-ci est conservée, ce qui n'a pas lieu dans toutes.

Ainsi, le personnage représenté sur notre dessin (fig. 6), est seulement suspendu par les épaules et ce sont ces deux

Fig. 6. — Fils de commande d'une marionnette,

fils qui supportent tout le poids. Deux fils fixés aux oreilles soutiennent la tête et se terminent en haut par deux fils de caoutchouc réunis par une barrette de fil de fer permettant, lorsqu'on pèse sur elle, d'obténir, grâce à son élasticité, l'abaissement des deux fils et de faire incliner la tête pour dire *oui*. En appuyant sur cette barrette un peu plus fort d'un côté que de l'autre, on produit l'obliquité de la tête, et en faisant tourner la barrette en travers, on obtient le geste de la dénégation. Ainsi un simple mouvement des doigts permet de réaliser trois mouvements différents.

Au bas du dos de l'acteur, au-dessous de l'articulation de la taille, est fixé un fil. En tenant ce fil à la main à une hauteur invariable, et en s'inclinant en avant, l'opérateur obtient le même mouvement de sa marionnette qui semble saluer le public. Une seule main étant occupée, l'autre peut conduire un mouvement de bras et de jambe en saisissant ensemble les deux fils de commande correspondants. Un fil particulier actionne la bouche et se rattache à la barrette réunissant les caoutchoucs afin d'éviter l'encombrement sur la barre principale.

Pour éviter toute confusion entre les différents

fils, la barre de suspension est peinte en couleurs variées : le rouge correspond aux fils des bras, le bleu à ceux des jambes, le blanc à la tête, etc. Des fils supplémentaires peuvent être ajoutés selon le besoin pour exécuter une fonction particulière. De même, un fil unique partant de la barre commune, peut être subdivisé en plusieurs fils se rendant en des points convenablement choisis de l'acteur ou de plusieurs personnages associés ainsi que nous l'avons vu plus haut avec les danseuses.

Cette description donne un aperçu de la complication présentée par les marionnettes à fils pour grands théâtres. Celles-ci deviennent de véritables objets de précision, capables de reproduire toutes les attitudes humaines, mais il est nécessaire pour les faire agir convenablement, presque autant de virtuosité qu'à un violoniste pour faire glisser ses doigts sur les cordes vibrantes. L'amateur qui, sans étude préalable, aurait la prétention de faire évoluer ces poupées mécanisées, n'obtiendrait que des résultats déplorables, et il brouillerait tous

les fils sans reproduire un mouvement vraisem-
blable. Il faut un certain apprentissage pour
devenir marionnettiste habile.

Car il faut dire que construire ou réparer des
marionnettes n'est rien à côté de la difficulté
qu'on éprouve à leur faire singer les actions
humaines sur la scène.

« Ma besogne derrière la toile n'est pas une
sinécure, tant s'en faut, a dit l'un des célèbres
représentants de cet art difficile, Thomas Holden, et pour mettre tous ces petits bonshommes
en mouvement, j'ai souvent mouillé plus d'une
flanelle. Passer de la machine hydraulique à la
pile électrique et de l'appareil pneumatique au
magnétisme, on arrive souvent au rhumatisme,
surtout dans certains théâtres où les courants
d'air semblent avoir élu domicile ; tout cela ne
constitue pas tout à fait une besogne agréable,
sans compter les poids à soulever, les fils à
tirer, tantôt debout, tantôt à genoux, le plus
souvent couché à plat ventre dans des positions
souvent périlleuses et toujours incommodes,
quelquefois suspendu par un pied ou accroché

par un bras à une barre de fer. Puis aller sans
arrêt, de droite à gauche, de haut en bas,
chantant, parlant, criant, suivant le besoin du
moment, ayant à peine le temps de respirer,
changer le timbre de ma voix suivant le personnage présenté au public, et toujours trans-
pirer comme dans un bain russe, voilà quels
sont les secrets de mon métier. »

Ces révélations, qui semblent plutôt avoir
pour but d'effrayer les imitateurs, n'apprennent
pas grand'chose et sont certainement exagérées.
Thomas Holden craignait sans doute la concur-
rence et voulait décourager ceux qui auraient pu
être tentés de marcher sur ses traces, et il a
réussi en grande partie, car les fantoches sont
bien délaissés aujourd'hui et ne se rencontrent
presque plus dans les fêtes ou sur les théâtres
où ils étaient accueillis autrefois avec faveur

Les théâtres
de marionnettes sans fils

CHAPITRE III

Les théâtres de marionnettes sans fils

Les marionnettes sans fils (qui n'ont rien de
commun avec la télégraphie ou la téléphonie
également sans fils) se distinguent de celles qui
ont été décrites dans les pages qui précèdent,
en ce que leur procédé de commande est entièrement différent. Leur véritable nom est *pupazzi*
ou *burattini*, les marionnettes actionnées par
des fils, telles que nous venons de les décrire
dans le chapitre II étant désignées sous le nom
de *fantoccini*, dont on a fait fantochés. Voici ce
qu'en a dit George Sand :

« Le burattino est la marionnette classique et
la meilleure. Ce n'est pas le fantoccino qui,
pendu au plafond par des ficelles marche sans

4

raser terre ou en faisant un bruit ridicule et invraisemblable. Ce mode plus savant et plus complet de la marionnette articulée arrive, avec de grands perfectionnements de construction, à simuler des gestes assez vrais et des poses assez gracieuses ; nul doute qu'on puisse arriver à leur faire imiter complètement la nature, mais on se demande quel avantage l'art pourrait tirer d'un théâtre d'automates. Plus on les fera grands et semblables à des hommes, plus le spectacle de ces acteurs postiches sera une chose triste et même effrayante.

« Mais voyez ceci : une guenille, un copeau qui semble à peine équarri, ma main s'engage dans ce petit sac, mon index s'enfonce dans la tête, mon pouce et mon médius dans les manches que terminent de petites mains de bois courtes et presque informes. Cette figure largement ébauchée et peinte d'un ton mat, prend peu à peu dans son mouvement l'apparence de la vie. Si je vous montrais une belle marionnette vernie, enluminée, couverte de paillons et remuant à l'aide de fils très visibles, vous ne pourriez pas oublier que c'est une poupée, un ouvrage mécanique, tandis que mon pupazzo, souple, obéissant à tous les mouvements de mes doigts, va, vient, tourne la tête, croise les bras, les élève au ciel, les agite en tous sens, soufflette, frappe la muraille avec joie ou avec désespoir. Eh ! Vous croyez voir toutes ces émotions se peindre sur sa figure, n'est-il pas vrai ?... D'où vient ce prodige qu'une tête si laide à voir de près prenne tout à coup, dans le jeu de la lumière, une réalité d'expression qui vous fait oublier sa dimension réelle. Oui, je soutiens que, lorsque vous voyez le burattino dans la main d'un véritable artiste, sur un théâtre dont les décors, les plans et l'encadrement sont bien en proportion avec les personnages, vous oubliez complètement que vous n'êtes pas vous-même en proportion avec cette petite scène et ces petits êtres, vous oubliez même que la voix qui les fait parler n'est pas la leur. Ce mariage, en apparence impossible d'une tête grosse comme mon poing et d'une voix aussi forte que la mienne, s'opère par une sorte d'ivresse mystérieuse où je sais vous faire entrer peu à peu, et tout le prodige vient... savez-vous d'où vient ce prodige ? Il vient de ce que mon pupazzo n'est pas un automate, de ce qu'il obéit à mon caprice, à mon inspiration, à mon entrain, de ce que tous ses mouvements sont la conséquence des idées qui me viennent et des paroles que je lui prête, de ce qu'il est moi enfin, c'est-à-dire un être vivant et non pas une poupée ! »

Que peut-on ajouter à ce plaidoyer enthousiaste de l'illustre écrivain ! En fait, les burattini ont été connus depuis un temps immémorial ; il y en avait en Chine, dans la Grèce antique et à Rome, où le personnage principal des comédies dites *atellanes* était l'esclave, bouffon et cruel, Maccus qui fut l'ancêtre de Polichinelle. Tous les pays eurent leur pantin national : don Cristobal en Espagne, Jean Saucisse (Hanswurst) en Allemagne, Casperl en Autriche, Punch et sa femme Judy en Angleterre, Pickelharing en Hollande, Karagheuz ou Garagousse en Turquie et Pulcinella à Naples. En France, nous avons

Guignol, avec son confrère Gnafron et Madelon sa fille, créations immortelles du Lyonnais Mourguet.

Le théâtre de Guignol, en sus de son public enfantin qui lui est demeuré constamment fidèle depuis un siècle, a conquis aussi la faveur de nombre de gens d'esprit qui s'amusent à ses facéties. Nombre de gens de lettres et de poètes l'ont patronné, et il existe une Société *Les Amis de Guignol* qui conservent avec soin les traditions de cet art théâtral particulier.

CONSTRUCTION DES PETITS THÉATRES GUIGNOL

De même que pour les marionnettes à fils, on trouve dans tous les bazars et magasins de nouveautés, surtout à la saison de Noël et des étrennes, de petits modèles de théâtres de Guignol se composant d'un encadrement de scène orné et enluminé surmontant un paravent derrière lequel se dissimule l'enfant qui doit manœuvrer les poupées. C'est là le modèle en quelque sorte classique, mais qui n'est pas sans présenter le défaut, très grave, dans nos appartements si exigus, d'occuper une place assez grande, à moins qu'on ne puisse le poser sur le bord d'une table, ce qui ne peut se concevoir que pour des théâtres de dimensions très réduites.

Une solution fort ingénieuse est celle qui a été imaginée par M. Thiessard avec son modèle *Magic*. Sur une planchette de 55 centimètres de longueur, sont montés deux sortes de pistons enfilés sur des ressorts à boudin les forçant à s'écarter l'un de l'autre quand on vient à déclancher une détente placée entre eux. Cette planchette étant disposée à la hauteur voulue dans l'encadrement d'une porte ouverte, la pression exercée par les ressorts oblige les pistons à s'appliquer exactement contre le chambranle, quelle que soit la largeur de la porte. Cette planchette porte un rebord horizontal devant servir de *planche de travail* et sous ce rebord des agrafes auxquelles viennent s'accrocher des anneaux cousus sur la lisière d'une bande d'étoffe assez épaisse pour servir de paravent et empêcher de distinguer l'opérateur qui se place en arrière, dans la pièce où la porte donne accès.

Deux planchettes verticales, peintes au pochoir et portant des ornements dorés, s'engagent dans des mortaises ménagées dans la planche horizontale. Ce sont les deux côtés de l'encadrement de la scène ; ils sont complétés par un fronton s'articulant de la même façon et les réunissant à leur partie supérieure. En arrière de ce fronton, qui est également peint, doré et verni, et du côté où se tient l'opérateur, se trouve le rideau d'avant-scène en étoffe, roulé sur une baguette ronde entre deux pitons. Une ficelle permet de le dérouler ou de le faire remonter à volonté. Enfin deux petits pitons soutiennent deux réglettes de bois en forme de V, dont l'un des côtés est horizontal. Ces espèces d'équerres servent de support aux coulisses et aux décors qui s'y accrochent.

Tel est l'agencement de ce dispositif original, pouvant se mettre en place partout, quelle que soit la largeur de la porte, et qui ne demande

aucun emplacement spécial. Le théâtre *Magic* se
monte et se démonte entièrement en deux minutes, et quand il est replié, il tient dans une

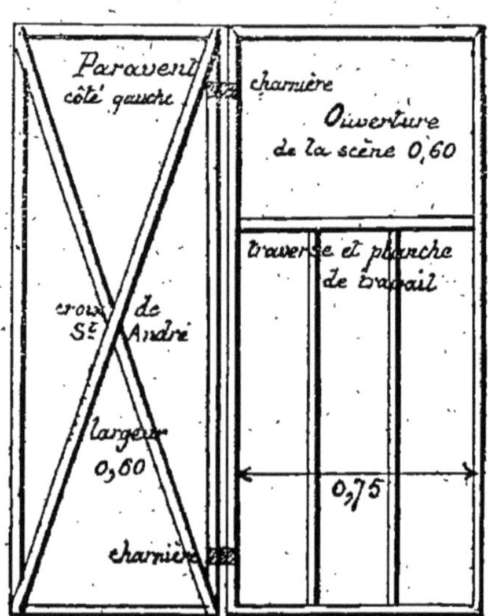

Fig. 7. — Charpente d'un petit théâtre Guignol.

boîte de carton à peine plus grande qu'une
boîte à corset. C'est pourquoi nous avons tenu
à donner la description de son mécanisme,
dont on aura remarqué la simplicité, avant
d'indiquer comment on peut édifier soi-même
des théâtres de ce genre, en commençant par

le plus petit modèle, qui mesurera 1 m. 20 de hauteur totale, 80 centimètres pour le paravent derrière lequel se dissimulera l'opérateur pour jouer les pièces, et 40 centimètres pour la façade de la scène.

On se procurera donc pour cette construction :

Six lattes de bois de 1 m. 20 de hauteur (deux pour la façade, quatre pour les côtés) ;

Neuf lattes identiques, de 6 m. 40 de longueur pour les traverses ;

3 m. 50 de toile d'emballage de 0 m. 50 de large ;

Un demi-rouleau de papier peint avec la bordure correspondante ;

Une planchette devant servir de planche de travail, de 0 m. 35 × 0 m. 08 de large ;

Les feuilles imprimées représentant l'avant-scène d'un théâtre et les décors ;

Enfin, quatre charnières, des semences de tapissier, des pointes fines et de la colle de pâte.

En possession de ces matériaux, on construira

d'abord la charpente des trois côtés du théâtre, laquelle se composera de trois cadres de 1 m.20 sur 0 m. 40, avec une traverse intermédiaire placée à 0 m. 80 de la traverse du bas. On pourra entailler les traverses à mi-bois pour qu'elles ne fassent pas une trop forte saillie sur les montants. Sur le cadre destiné à la façade on fixera à plat, en la clouant sur la traverse du milieu, la planchette de travail.

La charpente terminée, on tendra sur toute la surface des cadres formant les côtés, entre la planchette et la traverse du bas de la façade, la toile d'emballage, en la clouant avec des semences de tapissier sur tout le pourtour. On badigeonne ensuite ces toiles de colle de pâte claire, et on les recouvre d'une première épaisseur de papier de journal. Quand le tout est bien sec et parfaitement tendu sans plis, on encolle le papier peint, coupé aux dimensions convenables et on en double à l'extérieur la toile d'emballage ; on place ensuite les bordures.

Cela fait, on s'occupe alors de la scène. La

façade, dans laquelle on a découpé la place du
rideau, est collée sur une feuille de carton de
grandeur convenable, puis clouée sur les montants et sur les deux traverses horizontales,

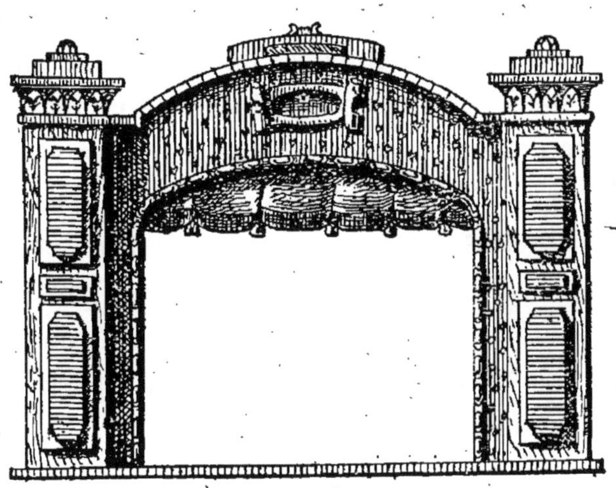

Fig. 8. — Façade d'un théâtre.

celle du haut et celle du milieu. A l'envers du
carton, et à hauteur convenable, on cloue deux
taquets de bois, l'un à droite, l'autre à gauche,
pour supporter dans des encoches les pivots
(faits de deux clous enfoncés dans l'axe d'un
manche à balai) du rouleau sur lequel on

clouera le rideau d'avant-scène, lequel sera collé sur une doublure en calicot et pourvu d'une baguette rigide à sa partie inférieure.

Les décors, également collés sur toile et munis de deux baguettes parallèles en haut et en bas, seront soutenus par deux potences en V accrochées sur la face intérieure de la façade, comme dans le modèle *Magic*. Les frises et les portants, collés sur carton, s'accrocheront à des baguettes dont les extrémités reposeront sur le côté horizontal de la potence. Toute la décoration sera donc supportée par ces équerres qui ne devront pas ballotter mais être parfaitement rigides.

Il ne restera plus, pour terminer le montage, qu'à réunir les deux côtés du paravent à la façade à l'aide des quatre charnières qui ont été mentionnées. Le théâtre pourra se replier, les décors étant enlevés ainsi que les potences de support, et n'occuper que très peu de place.

Théâtres démontables. — Ainsi qu'on a pu s'en rendre compte dans les descriptions qui précèdent, les modèles « Magic » et autres sont démontables en plusieurs parties, afin de réduire l'encombrement du matériel lorsqu'on ne l'utilise pas et qu'il doit être rangé dans un recoin de l'appartement où il occupera le moins de place possible. Mais il est encore bien d'autres moyens de rendre un théâtre Guignol démontable pour faciliter son transport commode, et je vais indiquer quelques solutions que j'ai employées lorsque je parcourais toute la France, avec les équipes des missions Rockefeller pour vulgariser les méthodes de défense contre la tuberculose.

Ainsi, sans rien changer aux dispositions qui viennent d'être indiquées, on peut réduire l'encombrement à sa plus simple expression en divisant chacun des panneaux et la façade elle-même en deux parties dans le sens de la hauteur et en reliant ces parties à l'aide de charnières ordinaires. Pour le transport, la façade se rabat sur le soubassement et les côtés se replient sur le milieu ; de cette façon, la hauteur se trouve réduite de moitié, et le théâtre tout entier avec sa décoration peut être emballé dans une caisse de dimensions restreintes. Il est bon de prévoir, pour assurer la solidité de l'assemblage lorsqu'on ouvre les panneaux, des crochets disposés sur un côté et s'engageant dans des pitons vissés dans la partie correspondante. Les charnières réunissant les deux côtés à la façade seront également démontables. On pourra les préparer soi-même en les découpant dans des feuilles de fer-blanc. On opère la liaison à l'aide de broches rigides, taillées dans des tringles à petits rideaux, et que l'on fait glisser dans les diverses parties mises en contact, de chaque charnière. Ces broches sont conservées à part, après qu'on les a retirées de leur logement, pour le transport du matériel afin de ne pas risquer de les perdre. Mais ces divers procédés de montage et de démontage rapide des théâtres ne se conçoivent que pour des modèles dont la façade mesure au moins 1 m. 80 de hauteur, avec une ouverture de scène de 0 m. 80 à 0 m. 90, et qu'il faut constamment plier et replier pour les transporter d'un endroit à un autre.

Théâtres à poste fixe, en plein air et de salon. — Ces modèles, destinés à donner des représentations publiques, présentent des dispositions toutes différentes de celles qui ont été indiquées

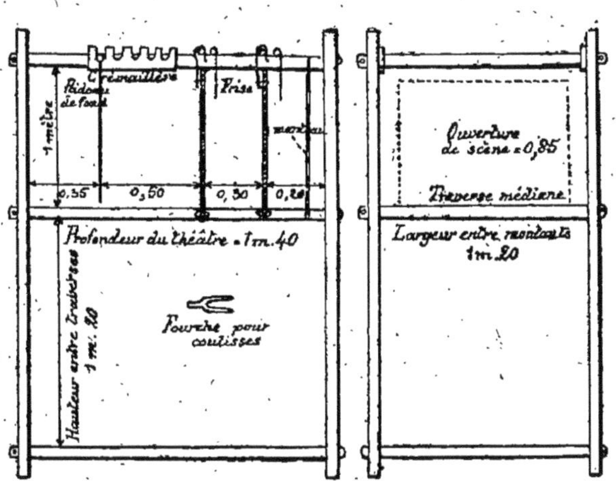

Fig. 9. — Charpente d'un grand théâtre Guignol.

jusqu'ici dans ce chapitre. Les théâtres Guignol de plein air, devant constamment séjourner dans le même emplacement, comme sont ceux installés dans les jardins publics tels que les Champs-Elysées ou le parc des Buttes-Chaumont à Paris, sont de véritables constructions à demeure, des *castelets* en bois, construits comme les chalets démontables, de panneaux de bois, ordinairement à doubles parois, distantes l'une de l'autre de 10 à 12 centimètres, les assemblages étant opérés par tenons et mortaises, *sans clous*, et dissimulés sous des lattes dites *couvre-joints*. Le plafond est surmonté de fermes en V renversé supportant, par l'intermédiaire de bardeaux et de chevrons, une couverture en papier bitumé, en ruberoïd, éverite ou même en zinc, avec gouttières et tuyau d'évacuation des eaux pluviales.

La face avant de cette construction sera constituée par une série de volets maintenus en place comme une devanture de boutique, par des barres de fer plates percées à une extrémité pour donner passage à un boulon de fermeture. Ces volets de clôture une fois enlevés laissent apparaître la façade du théâtre, qui sera faite comme tout le reste de la construction en menuiserie montée sur une charpente en bois avec assemblages à tenons et mortaises.

Afin de ne pas obliger le public d'enfants

assistant aux représentations à tenir constamment la tête levée pour apercevoir les acteurs, surtout lorsqu'ils sont au fond de la scène, et cependant permettre au marionnettiste de rester debout sans être vu, on ne donne au soubassement qu'une hauteur de 1 mètre environ au-dessus du sol, et on creuse le sol à une profondeur de 1 mètre également, de manière à constituer une fosse au fond de laquelle descend l'opérateur. De cette façon, il peut aller et venir les bras levés en tenant les guignols, et les spectateurs ne peuvent pas l'apercevoir. C'est ainsi que sont agencés les théâtres installés à demeure dans les squares et promenades publiques. Le fond de la baraque constitue un magasin à décors et à accessoires où l'on range tout le matériel. Une porte permet de pénétrer à l'intérieur de ce castelet.

Les grands théâtres pour représentations à l'intérieur des casinos, music-halls, etc., et mesurant 2 m. 60 de haut pour une ouverture de scène de 1 m. 50 environ, seront composés d'une charpente démontable comportant quatre montants et douze traverses horizontales. Le montage en sera facilité en pratiquant aux distances convenables, trois ouvertures rectangulaires dans chacun des montants et en terminant chaque traverse à ses deux extrémités par des tenons pouvant pénétrer sans frottement dans ces ouvertures. La solidité de l'assemblage sera assurée à l'aide de petites chevilles de bois ou clavettes enfoncées dans le petit trou pratiqué dans chaque tenon. La traverse médiane de la façade recevra le *proscenium* ou planche de travail, à 1 m. 20 au-dessus du sol, si l'opérateur se tient assis pendant qu'il manœuvre les acteurs.

Pour maintenir les décors, qui seront en bois mince découpé pour les portants, en toile peinte pour les rideaux de fond et les frises, les traverses du haut de la charpente des côtés seront munies, du côté regardant l'intérieur de la scène, de deux crémaillères identiques, placées horizontalement et destinées à recevoir, dans les creux des dents, les extrémités des perches sur lesquelles le haut de chaque rideau

sera collé ou les baguettes soutenant les frises
et bandes de ciel. Pour les coulisses, le mieux
est de les munir toutes, à leur partie supérieure,
de deux crochets identiques en feuillard, s'accrochant à des réglettes transversales, paral-

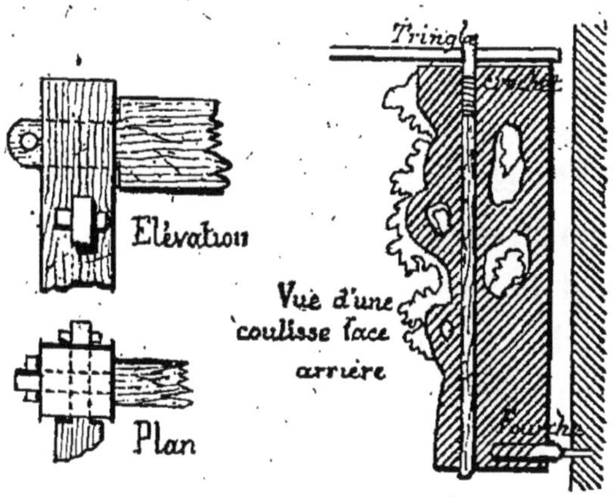

Fig. 10 et 11. — Assemblages des charpentes
et vue d'une coulisse.

lèles aux frises et maintenues également dans
les vides de la crémaillère. Pour les empêcher
de ballotter, on les immobilise dans le bas à
l'aide de petites fourches à deux dents dont le
manche très court est enfoncé dans un trou

percé dans les traverses médianes des deux côtés.

La façade du théâtre, en toile peinte fixée sur châssis, ou mieux, en bois contreplaqué avec ornements en relief, peints, sculptés et dorés, se raccorde à la charpente à l'aide de boulons et d'écrous à oreilles. Il en est de même pour le soubassement, qui sera un panneau en bois orné de moulures et de sculpture ou un châssis de toile peinte représentant un médaillon ou un paysage.

Suivant la largeur de la salle où le théâtre sera installé, les deux côtés, formés de grands châssis en menuiserie, tendus de toiles peintes à la main ou, ce qui sera plus économique, de cretonne imprimée, seront disposés, soit dans le prolongement de la scène, à droite et à gauche de la façade, soit à angle droit de celle-ci pour masquer la charpente servant de support à la décoration. De toute façon, l'un de ces côtés devra comporter une porte fermant exactement et donnant accès à l'intérieur du castelet.

Si l'opérateur tenant les guignols veut

jouer debout, il faudra donner au soubassement, du sol à la planche de travail, une hauteur de 1 m. 70 environ pour que le public ne puisse pas apercevoir le sommet de sa tête, ce qui enlèverait toute l'illusion. Si l'on joue assis sur un banc, une hauteur de 1 m. 20 suffira, et s'il y a un moyen d'ouvrir une trappe dans le plancher, on pourra n'avoir qu'un soubassement de 50 à 60 centimètres tout en se tenant debout sur le plateau de la trappe abaissée.

Une dernière remarque pour terminer sur la question de ce genre de théâtres de marionnettes. Si les premiers modèles décrits au commencement de ce chapitre ne demandent qu'une dépense modérée pour l'achat des matériaux entrant dans leur construction, on conçoit qu'il n'en peut plus être de même pour ceux de grande taille dont nous venons de parler, surtout si on les complète par une demi-douzaine de décors peints à la main. On peut évaluer à plusieurs milliers de francs la fourniture des matières premières : bois, ferrures, toile, etc., et la main-d'œuvre pour la préparation des charpentes, des châssis, les pièces de serrurerie, et la peinture des décors, portants, frises, rideaux, etc. Et il faut compter en sus l'assortiment d'acteurs indispensables et les accessoires nécessaires pour chaque pièce.

L'ÉCLAIRAGE DES THÉATRES

Qu'il s'agisse de marionnettes à fils ou de guignols, il est de toute nécessité que la scène soit éclairée, autrement elle apparaît comme une boîte sombre lorsqu'on lève le rideau, et les spectateurs ont peine à distinguer les détails du décor et les mouvements des acteurs. Cela peut encore aller en plein air lorsque le soleil répand ses rayons à profusion, mais dans une pièce peu éclairée, on ne voit pas grand'chose à l'intérieur du théâtre.

J'ai indiqué déjà, dans une brochure sur la construction des théâtres de guignol, un moyen simple et économique permettant de tourner la difficulté, et que je répéterai ici. On prend une feuille de carton de la même dimension que le *plateau* (plancher de la scène), et on y pratique, à l'aide d'un canif bien tranchant ou d'une pointe d'encadreur, trois ouvertures parallèles, de toute la largeur de ce plateau, et correspondant aux plans des coulisses et à l'espace sépa-

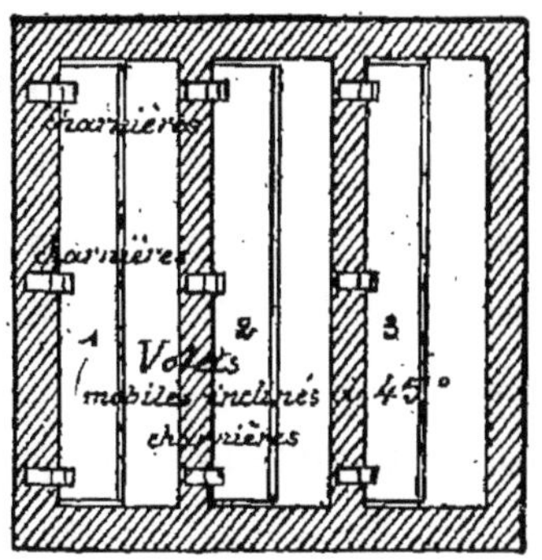

Fig. 12. — Vue en plan d'un plafond réflecteur.

rant deux frises consécutives (s'il n'y a que deux plans de coulisses, deux ouvertures suffiront).

Les rectangles de carton qui viennent d'être découpés sont doublés alors d'un côté d'une bande de clinquant (paillon d'argent) que l'on fixe avec des pointes. Si l'on pouvait se procurer du verre étamé (miroirs) ce serait encore mieux. Ces volets ainsi préparés sont alors remis à la place où on les a découpés et reliés à la feuille de carton par des rubans collés à la colle forte faisant fonction de charnières.

Le carton est alors placé sur le théâtre comme un plafond et les volets sont inclinés à 45° pour renvoyer à l'intérieur du théâtre la lumière qui vient des fenêtres. S'il s'agit d'un théâtre de marionnettes à fil, celles-ci sont manœuvrées par l'ouverture des trappes pratiquées dans la feuille de carton.

Mais il faut bien reconnaître que ce procédé rudimentaire est bien insuffisant encore, aussi ne se comprend-il que pour des théâtres-jouets de dimensions très réduites. Dès que l'on veut faire un peu grand, on se trouve obligé de chercher un moyen d'éclairage artificiel plus intense. Or, il ne faut pas perdre de vue que les constructions que nous avons décrites sont uniquement composées de matières éminemment combustibles : papier, toile, bois, et qu'elles seraient une proie facile pour l'incendie. La chose mérite donc réflexion.

On objectera peut-être qu'il serait possible de placer la source de lumière à l'extérieur : par exemple une forte lampe munie d'un réflecteur envoyant le rayonnement dans l'ouverture de la scène. J'ai eu l'occasion de faire l'expérience avec la lanterne à projections du poste cinématographique de la Mission Américaine, laquelle contenait une lampe de 1.200 bougies : le résultat fut déplorable. Chaque plan de coulisses, chaque portant, de même que chaque acteur, projetait une ombre intense sur le plan suivant et sur la toile de fond faisant écran. C'eût été parfait pour des ombres chinoises, mais l'effet était désastreux pour un théâtre.

La conclusion qui s'impose, c'est qu'il faut que la lumière soit diffusée partout, sans ombre portée des différents plans les uns sur les autres. Or, comme il serait extrêmement dangereux de placer des lampes à flamme, même protégées par une cheminée de verre, à l'intérieur d'un théâtre fait de bois et de carton, et que, d'autre part, il est nécessaire de répartir les sources éclairantes en plusieurs points, on se rend compte qu'il n'existe qu'une seule et unique solution au problème ainsi posé. Seul l'éclairage électrique peut répondre à ces diverses conditions ; la lampe à filament métallique, qui consomme très peu de courant, assure une sécurité complète, surtout si elle est alimentée de courant à basse tension, et elle peut être placée dans tous les endroits où le besoin de lumière se fait sentir.

Chaque fois que le théâtre sera monté dans une habitation ou un établissement pourvu d'une canalisation de distribution de courant, le plus simple sera d'utiliser ce courant, en reliant les circuits d'éclairage de la scène à une prise de courant quelconque, au moyen d'un cordon souple, pourvu à ses deux bouts d'un bouchon à broches ou à baïonnette suivant qu'on se branchera sur un support de lampe ou une prise à deux trous. Bien entendu les ampoules seront étalonnées au voltage de la distribution.

Si l'on ne peut disposer d'aucune distribution à courant continu ou alternatif 110 ou 220 volts, force sera de fabriquer soi-même son électricité, et dans ce cas on adoptera de la très basse tension pour simplifier le matériel : 8, 12, 16 ou 30 volts selon l'importance du théâtre et les dimensions de la scène.

Deux moyens peuvent être employés, selon qu'il sera aisé ou non de faire la recharge à

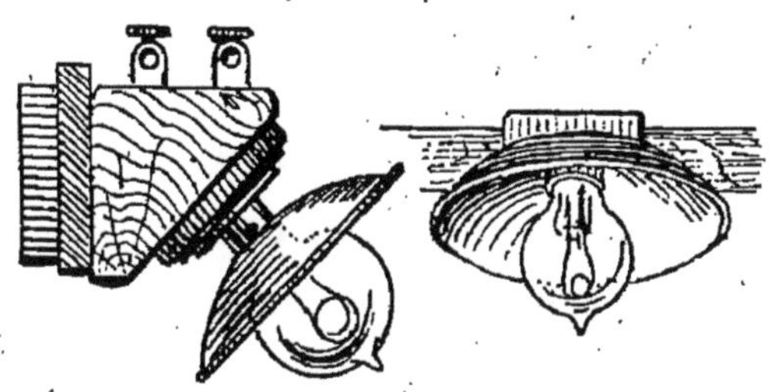

Fig. 13 et 14. — Montage des lampes électriques.

bas prix : l'accumulateur et la pile hydrochimique.

L'accumulateur fournit un courant d'une constance remarquable, ce qui n'a pas lieu avec les piles ; de plus, il n'exige aucune manipulation : simplement l'addition d'une petite quantité d'eau distillée dans les bacs, quand le niveau a baissé sensiblement dans ceux-ci.

Pour des théâtres de petites dimensions, il suffit d'une lampe de 16 bougies, dont l'ampoule est entourée d'un réflecteur parabolique en plaqué d'argent, et qu'on relie à la canalisation par un cordon souple à deux conducteurs, mais pour un modèle de grande taille, dont la scène présente une ouverture d'environ un mètre de largeur, il faut, pour un bon éclairage, une rampe de 4 lampes et 2 lampes par plan de coulisses, soit 10 lampes au total.

Si le courant est fourni par des accumulateurs et que l'on adopte une tension de 16 volts, il faudra une batterie de 8 éléments groupés en série et d'une capacité de 10 ampères-heure au minimum. La consommation de chaque lampe étant de 1/4 d'ampère, les 8 lampes prendront 2 ampères au total et pourront être maintenues allumées pendant un peu plus de quatre heures consécutives, après quoi le voltage s'abaissant de plus en plus il faudra s'occuper de faire recharger la batterie, soit dans une usine ou un secteur de distribution, soit avec le courant d'une dynamo, si l'on en possède une, ou d'une pile. A l'aide d'un *coupleur Planté,* on peut opérer la charge, les éléments étant groupés en quantité, et il n'est besoin que de deux grands éléments de pile Bunsen ou au bichromate.

Une batterie de 8 éléments de 10 ampères-heure de capacité peut tenir dans une caisse en bois munie de poignées pour le transport, et le poids ne dépasse pas 40 kilogrammes.

Les piles chimiques, particulièrement celles au bichromate de soude, sont bien moins lourdes. Une batterie de 8 éléments de 1 litre de capacité, à un seul liquide à la fois acide et dépolarisant, ne pèse pas beaucoup plus de 16 kilogs. L'amateur pourra la préparer facilement lui-même avec des montures de piles-bouteille et des bocaux carrés de 10 centimètres de côté et 13 à 14 de haut, fermés par un couvercle annulaire en isolite, dans le vide duquel se place le disque soutenant les lames de charbon et le zinc bien amalgamé au mercure pour ne s'user que pendant que la pile travaille.

Les bocaux sont rangés sur deux rangs côte à côte dans une caisse, comme les éléments d'accumulateurs. Pour préparer les 8 litres de solution devant les remplir, on fait dissoudre dans 6 litres d'eau ordinaire, 1 kilogramme de bichromate de soude et on verse en un filet continu, tout en agitant avec une baguette de verre (et non de bois) 1 litre d'acide sulfurique *au soufre*. Le mélange s'échauffe sensiblement : on le laisse refroidir dans la cruche de grès ou de terre où on l'a opéré et on le transvase dans chaque récipient à l'aide d'un entonnoir en verre ou autre matière inattaquable par l'acide sulfurique. Le prix d'une charge est, actuellement (1924), de 5 francs, soit 0 fr. 65 le litre. On obtient un courant de 2 ampères sous une tension de 14 volts pour les 8 éléments pendant quatre heures. La dépense n'est donc pas supérieure en réalité à celle qu'entraînent les accumulateurs, qui, de plus, réclament des soins d'entretien constants.

On a donc le choix entre ces deux sources de courant, et l'on adoptera l'une ou l'autre selon ses convenances personnelles et les circonstances. Les lampes, montées sur supports à baïonnette ou à vis, seront disposées derrière chaque frise ou chaque porte, une de chaque côté du théâtre, et la rampe dans une boîte s'accrochant à la planche de travail et un peu en dessous, pour bien éclairer les acteurs en scène.

Les acteurs et les accessoires des théâtres Guignol

CHAPITRE IV

Les acteurs et les accessoires
des théâtres de Guignol

J'ai rappelé, au cours d'un précédent chapitre l'opinion de George Sand sur les marionnettes sans fils, que l'illustre écrivain considé-
rait comme très supérieures aux fantoches dont
les mouvements sont commandés par des fils
qu'il est presque impossible de dissimuler, et
dont la vue enlève toute l'illusion que peuvent
donner ces acteurs artificiels. George Sand,
qui aida à la confection de près de quatre cents
personnages de ce genre, destinés à figurer sur
le théâtre de son fils Maurice, à Nohant, avait
des idées très arrêtées sur les qualités que

devaient présenter ce genre de marionnettes et voici ce qu'elle en a dit :

« La tête doit être sculptée avec soin, bien que traitée assez largement ; trop fine, elle devient insignifiante. Elle doit être peinte à l'huile, sans aucun vernis, avoir de vrais cheveux et de vraies barbes. Les yeux peuvent être en émail comme ceux des poupées ou en verre (comme les yeux artificiels que vendent les empailleurs pour mettre aux animaux naturalisés). Nous les préférons peints, avec, comme prunelle, un clou noir, rond et bombé, ou un bouton de bottine verni. Ce clou reçoit la lumière à chaque mouvement de la tête et fournit l'illusion complète du regard. »

On soignait particulièrement à Nohant le point lumineux des yeux. Les jours de représentation de gala, on leur donnait un coup de lime qui remplaçait avantageusement le vernis, parfois un peu éteint, qui le recouvrait. Quant aux vêtements, on avait préparé toute une série de paletots, de robes et surtout de coiffures pouvant convenir aux différents personnages.

Un *burattini* se compose donc de deux parties : une tête creuse, dans laquelle l'opérateur glisse son index, et un sac portant deux manches et répondant au corps et aux bras.

Il n'y a que deux substances qui conviennent pour les têtes : le bois et le carton moulé. Le meilleur bois à choisir est le tilleul, qui est facile à sculpter et de faible densité, ce qui est avantageux parce qu'il ne fatigue pas le doigt qui supporte cette tête. Il en est de même pour les mains, qui seront prolongées par des cornets en carton mince collé, dont le diamètre sera celui des doigts du marionnettiste.

Il faut reconnaître que les visages sont assez difficiles à tailler de façon à leur donner l'expression qu'on désire leur imprimer; et seuls de véritables artistes peuvent arriver à ce résultat. C'est pourquoi, si l'on n'a pas la pratique de l'art de la sculpture sur bois, il faudra, soit acheter ces têtes chez les spécialistes de cette fabrication, soit les demander à un sculpteur. Guignol devra avoir un air naïf, avec ses yeux écarquillés, le gendarme l'air rébarbatif, Gnafron, avec son nez enluminé, représentera bien l'ivrogne, et ainsi de suite pour chaque acteur.

Les têtes sculptées seront peintes ensuite de couleurs vives, pour les sourcils, les joues, et les lèvres, puis vernies pour être moins facilement salies. Une couche de vernis transparent à l'alcool suffira. On ajoutera ensuite, s'il y a lieu, la chevelure et la barbe. Des perruques de poupées, pour les actrices, conviendront parfaitement; pour les hommes, on fera ces floraisons pileuses, avec de l'ouate, de la laine, de la peluche, etc.., collées aux endroits convenables.

Les acteurs devront avoir une taille proportionnée à celle de la scène où ils évolueront et bien en rapport avec le décor afin de conserver l'illusion. Les têtes auront donc une grosseur allant de celle d'une pomme d'api à celle d'une grosse orange pour les grands modèles de théâtre. Si, fabriquées en bois, elles deviennent trop lourdes pour le doigt qui doit les soutenir, il faudra recourir au carton moulé pour cette fabrication, qui s'exécutera d'une manière analogue à celle des masques, c'est-à-dire à l'aide

de moules creux en bois ou en plâtre, préalablement graissés, et sur lesquels on applique suc-
cessivement plusieurs feuilles de papier gris
imbibé de colle de pâte. On laisse bien sécher
avant de décoller le moulage, et on applique la
partie correspondant au derrière de la tête.
Celle-ci est donc faite de deux parties rapportées,
comme les deux moitiés d'une boule : d'une part
la face avec les oreilles, d'autre part le crâne
avec le cou.

Les têtes en carton moulé ont l'avantage de
présenter une très grande légèreté et de ne pas
fatiguer le doigt qui les porte, mais l'amateur ne
saurait préparer lui-même les moules ; aussi le
mieux est-il de se procurer les cartonnages chez
les fabricants de ce genre d'articles et se borner
à ajouter les perruques, la barbe, si c'est nécessaire, enfin de peindre les sourcils, les yeux, les
lèvres et les différents traits du visage, comme
les têtes de bois, en leur donnant le caractère et
l'aspect correspondants à chaque personnage.

En possession des têtes, on s'occupe des costumes et des coiffures. Tout d'abord, tous les

acteurs seront faits d'une robe uniforme taillée, comme on ferait d'une chemise, et d'un seul tenant dans une pièce de lustrine noire. Une bonne dimension, pour des puppazi à têtes de la grosseur d'une orange, est de 35 centimètres de longueur. On pratique un trou dans le milieu de la robe pour le passage de la tête, puis on rabat les deux morceaux l'un sur l'autre et on fait une piqûre à la machine pour réunir les deux côtés et les manches. On fait un ourlet de 1 centimètre au bas de la robe, que l'on retourne afin que toutes les coutures se trouvent à l'intérieur et on fixe la tête, en serrant un fil solide autour de l'étoffe appliquée sur le cou, en consolidant avec une bande de tissu serrée par-dessus le tout et préalablement imbibée d'un peu de colle forte chaude.

Les mains, dont le poignet est serré, comme je l'ai dit, dans un cornet de carton mince (bristol de carte de visite), sont ensuite glissées à l'intérieur des manches et les cornets cousus ou collés à l'étoffe des manches.

C'est par-dessus la robe de lustrine que l'on

coud à la main, après les avoir taillés, les différents morceaux représentant le col et le devant
de chemise, la cravate, le gilet et le paletot,
blouse, redingote, ou habit noir, pour les

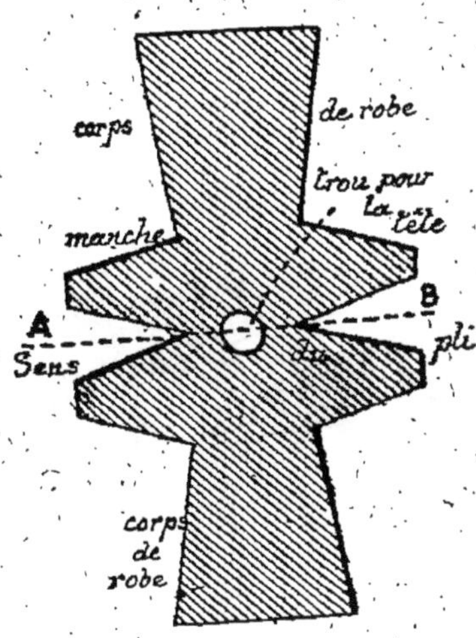

Fig. 15. — Coupe d'une robe de guignol.

hommes ; pour les femmes, le corsage à la mode,
rembourré d'ouate au besoin, si l'on veut représenter une personne de forte corpulence, enfin
une jupe plus ou moins étoffée. On peut com-
pléter par des simili-bijoux : chaîne de montre,
colliers, bracelets, boucles d'oreilles en clin-

quant doré pour que la toilette des personnages se rapproche le plus possible de la réalité.

Les coiffures présentent une certaine importance et il vaut mieux les fabriquer à part que

Fig. 16. — Paulot
(théâtre Rockfeller).

Fig. 17. — Guignol
(théâtre lyonnais).

de les fixer à demeure sur les têtes, on pourra ainsi varier l'aspect des personnages, selon le genre de pièce représentée. On les fera, avec du carton mince et des étoffes appropriées : chapeaux mous ou à haute forme, casquettes,

toques, bicorne du gendarme ou du garde cham-
pêtre, chapeau pointu de Pierrot, etc., chapeaux
à fleurs artificielles et à rubans, bonnets de linge,
mantilles, etc.., pour les femmes.

Il sera bon de prévoir également quelques
costumes pouvant s'endosser et s'enlever à
volonté et recouvrant l'habillement cousu à
demeure, et tels que pardessus, manteaux,
blouses, pèlerines, maintenus en place par un
bouton ou une agrafe. On variera ainsi l'aspect
des acteurs avec les circonstances sans avoir à
en multiplier par trop le nombre. Voici d'ailleurs
les types essentiels qu'il faut préparer, et tels
que nous les avons décrits dans notre brochure
Construction du théâtre Guignol et ses accessoires.

POLICHINELLE : Un habit doré à gros boutons
également dorés, cousus tout le long de ses deux
bosses. *Coiffure* : un bicorne avec une belle
plume.

PÈRE GUIGNOL : Tête à cheveux blancs hérissés, gros nez rouge. *Costume* : paletot à grands

carreaux ouvert sur un gilet laissant voir un haut col de chemise.

LE FILS DE GUIGNOL : Tête à cheveux courts, sans moustaches. *Costume* : un sarrau bleu serré à la taille ou tunique de collégien avec ceinture de cuir verni. *Coiffure* : une casquette allant avec le costume et fixée à demeure.

PIERROT : Tête blanchie à la gouache, avec de gros yeux fixes. *Costume* : une tunique flottante blanche, avec de gros boutons en étoffe. Ceinture en étoffe, collerette plissée. *Coiffure* : un chapeau pointu, de couleur blanche.

CASSANDRE : Tête à cheveux blancs, gros nez, pas de barbe. *Costumes* : un habit Louis XV de couleur « tabac d'Espagne », jabot et manchettes, et, pour d'autres rôles redingote « à la propriétaire » ouvrant sur un gilet à ramages. *Coiffures* : dans le premier cas, un tricorne à galons d'or, dans l'autre, un chapeau « tromblon » très évasé du haut. Cassandre peut porter de grosses lunettes.

Le Gendarme : Tête comique, cheveux noirs en brosse, énormes moustaches retroussées en croc et forte barbiche. *Costume* : tunique bleue, avec aiguillettes et épaulettes blanches. Ceinturon de cuir jaune, avec sabre et sabretache. *Coiffure* : un bicorne de dimensions exagérées avec cocarde tricolore.

Le Commissaire : Tête rébarbative avec gros yeux. Cheveux gris et favoris en nageoires. *Costumes* : un habit à la française s'ouvrant sur un gilet noir échancré et un plastron. Écharpe tricolore sur le gilet. Ce personnage peut se transformer en juge ou en avocat en recouvrant son habit d'une robe d'avocat avec rabat et hermine sur l'épaule. *Coiffures* : dans le premier cas un chapeau « tuyau de poêle » d'une hauteur exagérée, dans l'autre, toque noire à pompon.

L'Auvergnat : Tête à cheveux hérissés et énorme barbe en broussaille, ne laissant voir que les yeux et le bout du nez. *Costumes* : un veston de velours avec une plaque de commissaire, ou une blouse bleue. Pas de coiffure.

Le Geôlier : Tête quelconque. *Costume* : un sarrau rouge avec une pèlerine à capuchon. A la ceinture un trousseau de clés.

Le Diable : Tête d'aspect terrible, peinte en vert ou en noir. Perruque laineuse, d'où sortent deux grandes cornes noires. *Costume* : tunique verte semée de langues de flammes rouges. Ceinture faite d'une corde.

Personnages féminins :

La mère Michel : Cheveux gris en bandeaux, gros nez rond, traits accentués, lunettes. *Costume* : un peignoir à raies voyantes, tablier bleu. *Coiffure* : haut bonnet de linge tuyauté.

La femme de Guignol : Cheveux gris, gros yeux, menton en galoche. *Costume* : caraco à pois, tablier bleu à bavette, fichu croisé. *Coiffure* : bonnet de linge à brides volantes.

La mère Gribiche : Tête comique, gros nez, air épanoui, très corpulente, boucles d'oreilles.

Costume : robe bouffante à grands carreaux. Pas de coiffure, chapeau à plumes suivant la pièce.

MADELON : Figure commune, nez épaté, yeux bleus, cheveux filasse, un petit bonnet ou mantelle comme coiffure. *Costume* : corsage ajusté robe à raies roses, tablier blanc à bavette.

MADEMOISELLE POPETTE : Tête distinguée, cheveux noirs bouclés, coiffés à la mode. *Costume* : robe noire échancrée au col, bijoux, voilette, gants, réticule.

Ces quinze personnages peuvent déjà suffire pour jouer un grand nombre de pièces. En modifiant leurs costumes et leurs coiffures, on leur fera tenir des rôles différents. En fabriquant soi-même les têtes dans des bûches de châtaignier ou de tilleul, et en utilisant pour la confection des robes toutes sortes de rognures d'étoffes sans grande valeur, le prix de revient en sera très minime, alors qu'il dépasserait vingt francs pour des acteurs de 35 centimètres de haut à tête de 8 centimètres, si on les faisait fabriquer, les têtes par un sculpteur et les costumes par une couturière.

C'est là qu'on reconnaît tous les avantages du travail en famille, avec la collaboration de la maman ou des petites sœurs dont les doigts agiles auront vite cousu robes et habits, tandis que le papa donnera ses conseils pour le maquillage des têtes de carton et l'agencement des coiffures, après avoir surveillé la construction de la scène avec ses décors. Néanmoins, pour un théâtre de 1 m. 70 de hauteur, avec 12 décors imprimés, genre *Théâtre Nouveau* des Imageries d'Epinal, la dépense totale rien que pour les matériaux pourra s'élever à une centaine de francs, en faisant tout par soi-même. Il faudra acheter en effet : 1º pour le théâtre 36 mètres de lattes sapin à 0 fr. 30 le mètre, 5 mètres toile d'emballage, 1/2 rouleau de papier peint et bordure assortie, 4 mètres de calicot pour coller les rideaux de fond, 24 feuilles imprimées à 0 fr. 50 pour les décors, 4 feuilles de carton pour les coulisses et frises, 15 têtes carton moulé, 6 mètres lustrine pour les robes, enfin de la colle,

du vernis, des pointes, du papier, etc. On voit,
par cette simple énumération que l'évalution
n'est nullement exagérée.

Les accessoires. — Il nous faut encore parler
des accessoires dont la présence est indispensable dans de nombreuses pièces, mais que l'on
pourra se procurer, au fur et à mesure des
besoins, et à assez bon compte, dans les bazars
et aux rayons de jouets des grands magasins. On
peut mentionner parmi les plus nécessaires :

La trique de Guignol, le cabas de la mère
Michel et son parapluie. Objets domestiques et
de cuisine : seau, bougeoir, avec sa chandelle,
balai, plumeau, bouteille, verre, marmite, casserole, vase de nuit, poêle à frire, lit avec pail-
lasse et traversin, table de nuit, fourche du
diable, sabre du gendarme, fusil, revolver-jouet
serpent articulé, trompette, petite malle, lanterne, etc., etc.

L'instrument essentiel d'un théâtre de Guignol
est le bâton, dont ce personnage fait un fréquent
usage, et qui doit présenter la qualité essentielle
de faire beaucoup de bruit en s'abattant sur la

tête de l'un ou de l'autre de ses partenaires, notamment le gendarme et le commissaire. Il est bien certain que, si l'on se servait, dans ces batailles, de cannes en bois très dur tel que celui servant à faire des bâtons de cerceau par exemple, les têtes des acteurs ne tarderaient pas à être mises à mal si elles étaient en carton moulé. Cependant, les coups de bâton doivent être bruyants, car c'est ce bruit qui réjouit les enfants; aussi pour concilier ces conditions, le mieux est de préparer des triques d'aspect redoutable, mais en réalité inoffensives. On y arrive en employant un manche de batte à tapis plus ou moins usé, ou en réunissant en botte, à l'aide de ligatures de ficelle transversales, des brins de rotin ou de jonc bien serrés. Cette disposition fournira les résultats attendus.

Il faut encore mentionner, au nombre des accessoires fort utiles pour différents jeux de scène, les instruments servant à produire l'imitation de certains bruits, tels que, par exemple celui de carreaux ou d'assiettes qui se réduisent en miettes, et celui de coups de pistolet ou de

fusil, enfin le vacarme de l'orage. Les premiers
sont imités en jetant à terre un assemblage de
petites plaques de métal sonores contenues dans
un sac, ou en donnant des coups de pied dans
des feuilles de tôle épaisse suspendues à un cro-

Fig. 18. — Imitation des éclairs.

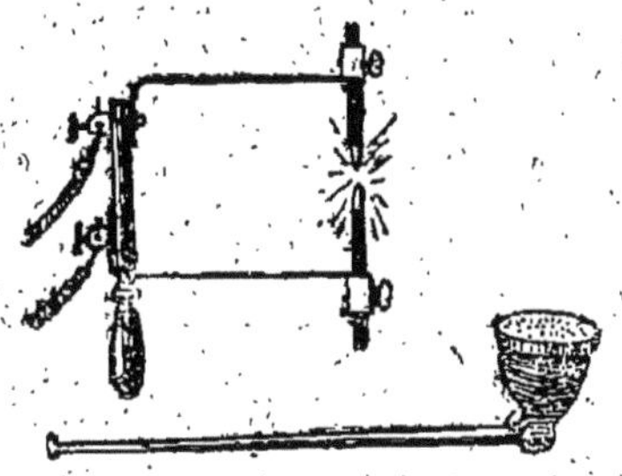

Fig. 19. — Pipe à lycopode.

chet; il en résulte un fracas qui accompagne
bien les batailles et les cris des acteurs s'admi-
nistrant des volées de coups de bâton et qui fait
rire les petits spectateurs.

Le tonnerre sera imité, comme dans les théâtres « pour de vrai », en agitant une feuille de
tôle mince, et les éclairs en remuant devant
une petite glace deux baguettes de charbon

reliées au circuit électrique, de manière à les faire se toucher et à se séparer presque instantanément. On obtient ainsi la reproduction exacte, et à l'échelle du théâtre, des éclairs véritables.

L'apparition du diable et autres personnages fantastiques devra être accompagnée de flammes et de fumée. Cet effet sera obtenu sans danger à l'aide d'une *pipe* d'un genre spécial, que l'on remplit de poudre de lycopode parfaitement sèche, et que l'on souffle sur la flamme d'une bougie. On trouvera également, chez les mêmes artificiers vendant ces articles, des artifices absolument inoffensifs permettant de produire le bruit d'un coup de fusil et de réaliser des illuminations originales pour l'apothéose. Tels sont les *cierges merveilleux* au magnésium, les *étoiles japonaises* et tous ces feux d'artifices de salon sans danger, même à l'intérieur d'une construction de toile et de papier.

Ainsi outillé, comme je viens de l'indiquer, le futur impresario de théâtre de marionnettes n'aura plus qu'à se familiariser avec la manipu-

lation des personnages. Il existe tout un réper-
toire pour ce genre de théâtres; on pourra se
procurer les brochures chez les éditeurs et s'en
inspirer, sinon apprendre le texte *par cœur*,
comme on dit, pour ne pas se trouver embar-
rassé lors de la représentation devant le public,
à moins que l'on ne soit sûr de sa présence d'esprit et de son talent d'improvisateur. En possession de tout le matériel qui vient d'être décrit,
il faut apprendre à s'en servir, ce qui demande
un petit apprentissage et un peu de patience
pour atteindre à la perfection.

Les théâtres
d'ombres chinoises

CHAPITRE V

Les théâtres d'ombres chinoises

Les *ombres chinoises*, ce premier amusement
du jeune âge, sont, pourrait-on dire, aussi
anciennes que le monde. Leur création est
certainement contemporaine de l'époque où l'art
de l'éclairage artificiel ayant été inventé, un papa
préhistorique essaya de reproduire sur le mur
de la caverne, et pour la plus grande satisfac-
tion de la famille étonnée, l'image de différents
animaux obtenue par l'ombre des mains juxtaposées d'une certaine façon.

Depuis ces temps reculés, cette amusante
récréation a reçu de nombreux perfectionne-

ments, et les habitants du Céleste Empire, les Chinois furent longtemps réputés maîtres en cet art. Les silhouettes qui ont conservé le nom de ces peuples sont donc venues de l'Orient, et les imitations qui en ont été faites ont attiré souvent l'attention publique.

Doit-on rappeler le succès remporté au xviiie siècle par le théâtre Séraphin installé au Palais-Royal et dont la pièce le *Pont cassé* est restée légendaire. On voyait défiler sur la scène de ce théâtre, non seulement l'ombre de personnages isolés, animés de mouvements variés à l'aide de fils de fer dissimulés, mais on pouvait assister également à des spectacles complets, pantomimes, comédies, vaudevilles avec plusieurs acteurs agissant simultanément.

Plus près de nous, un peu avant 1900, la brasserie du *Chat noir* attira à son théâtre d'ombres tout le Paris intellectuel de l'époque. Les silhouettes, composées par des artistes tels que Caran d'Ache, Willette, Rivière, Henri Somm, etc., étaient de véritables chefs-d'œuvre. La *Marche à l'Etoile*, notamment, eut des cen-

taines de représentations. Mais, comme Séraphin et le *Théâtre Miniature* du boulevard Montmartre, la scène du *Chat noir* n'existe plus.
Sic transit gloria mundi... On se lasse facilement
de tout, et à Paris surtout.

Cependant, il est possible de tellement simplifier les choses, tout en leur conservant leur
caractère artistique que le matériel nécessaire
se réduit à la source d'éclairage et à la surface
réfléchissante sur laquelle les silhouettes viennent se découper. C'est ce que l'on a appelé
l'*ombromanie*, ou ombres chinoises avec les
mains, que réussirent à merveille quelques
artistes de music-halls, au premier rang desquels il convient de placer Th. Revel, plus
connu sous le nom de Théo, et qui imagina de
petites saynètes fort originales pouvant être
jouées simplement avec l'adjonction de quelques
bouts de carton. Je rappellerai quelques-uns de
ses scénarios publiés dans une brochure de la
Collection Guyot que j'ai eu le plaisir de pré-
facer vers 1900.

L'ombromanie constitue au premier chef une

récréation de famille que chacun peut reproduire dès l'instant qu'il a reconnu à la suite de quelques essais comment il convient de placer les mains et les doigts pour reproduire une silhouette particulière. Il n'est nullement indispensable, comme on pourrait le croire, de se livrer à des exercices préparatoires longs et minutieux pour assouplir les doigts, comme dans la prestidigitation. La pratique ne tardera pas à donner toute la dextérité voulue.

Il est d'ailleurs facile d'arriver presque d'emblée à des résultats satisfaisants pour intéresser et amuser ; après quelques exercices, on réussira certainement à reproduire les silhouettes désirées, surtout si l'on s'aide d'un guide sur la matière, avec gravures montrant bien les positions à donner aux doigts et aux mains. Il faut un peu de patience et si les nerfs se fatiguent, ne pas insister mais prendre quelques instants de repos. Enfin, quand on opère, ne jamais regarder ses mains mais l'ombre produite sur l'écran.

La question de la source lumineuse à employer

présente une réelle importance, qu'il s'agisse d'ombres avec les mains ou d'un théâtre avec personnages. La lumière qui convient le mieux est l'arc voltaïque, puis la lampe électrique à filament, le chalumeau oxhydrique et l'acéty- lène, à la condition de concentrer les rayons et les rassembler dans une même direction au moyen d'un réflecteur. A défaut de courant électrique ou de générateur à carbure, une bonne lampe à pétrole pourra suffire, bien que la lumière en soit moins blanche et surtout moins intense et donne des images moins accusées. Mais il faut savoir se contenter de ce que l'on a quand on veut s'amuser entre soi en famille.

Il convient de faire observer qu'il est impor- tant de n'avoir qu'une lumière, sans quoi il se produirait une pénombre nuisible à la netteté de la silhouette. Cette unique lumière sera posée sur une table ou un support assez élevé pour que le faisceau projeté soit à la hauteur de la poitrine de l'opérateur. Ce faisceau, projeté par le réflecteur, éclairera vivement l'écran disposé à 3 ou 4 mètres en avant de la lampe. Cet écran sera fait d'une serviette ou d'une nappe parfaitement blanche et sans plis, tendue par ses quatre angles sur un cadre ou simplement sur le mur à l'aide d'anneaux cousus à chaque coin et maintenus par des clous à crochet. L'ombromaniste se place, en vue des spectateurs, entre la source lumineuse et l'écran, ses coiffes et accessoires de carton à côté de lui et, mettant ses mains dans la position voulue, il commence la présentation des silhouettes en accompagnant chaque image d'un discours approprié à l'objet ou à l'animal apparaissant sur la toile.

Les silhouettes les plus connues, et en quelque sorte classiques sont le *loup*, le petit *lapin*, le *renard*, le *renard et le lapin*, les *canards*, le *cygne*, le *coq*, le *pigeon*, le *boule-dogue*, la *girafe*, le *cheval*, le *chat*, l'*éléphant*, et comme personnages humains, le *grand-père*, le *clown*, le *conscrit*, le *vieux troupier*, *Pierrot*, *Napoléon*, l'*avocat*, le *concierge*, le *cuisinier*, la *danseuse*, le *jockey à cheval*. On comprend qu'il ne m'est pas possible, dans le modeste format de ce petit volume, de donner la gravure de toutes ces ombres avec la position des mains permettant de les obtenir, et je me bornerai à donner à titre d'exemple, deux scènes imaginées par R. Théo.

La discussion politique. — On prend dans chaque main des *coiffes* découpées dans des cartes de visite et rappelant les contours d'un chapeau melon et d'un autre à haute forme ou tromblon et l'on place les mains ainsi que l'indique notre dessin. En remuant les doigts, les deux interlocuteurs vus de profil paraissent se parler ; en activant les mouvements, les deux ombres sembleront se disputer. En écartant le médius et l'annulaire de la main droite et en prenant entre ces deux doigts l'index gauche, l'individu au chapeau tromblon aura l'air de manger le nez de son adversaire politique.

Le prédicateur en chaire. — On plie bien à angle droit tous les doigts de la main gauche, la manche de l'habit bien rigide pour donner la silhouette de la chaire. La main gauche doit se trouver *plus près* de la lumière que la main droite afin de projeter une ombre à plus grande

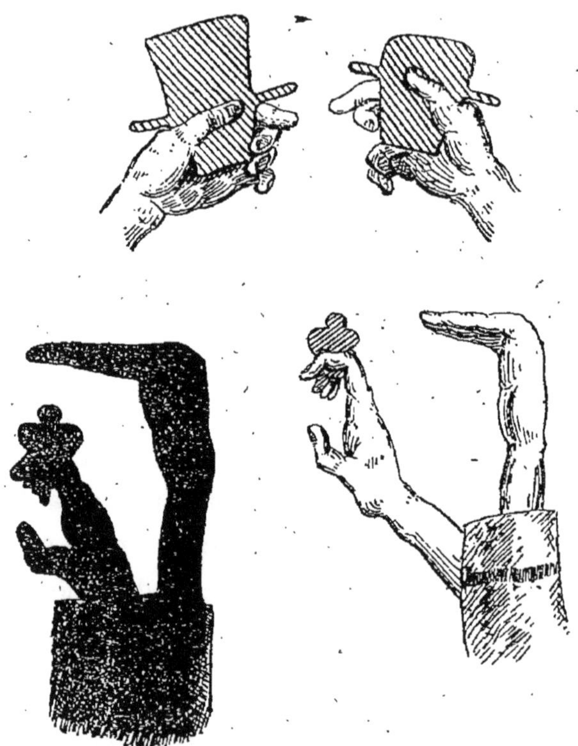

Fig. 20 et 21. — Ombres avec les mains.

échelle. Pour cela, on s'assoira sur une chaise *à droite* et en avant du support de la lampe. Une *coiffe* de carton maintenue entre l'index et le médius fera l'ombre de la barrette.

Le prédicateur, — la main droite — s'avance et monte en chaire ; il fait un signe de croix, un *mea culpa*, s'agenouille, puis se redresse et commence son sermon. D'abord modéré dans ses gestes, il s'anime de plus en plus jusqu'à s'emporter. Il se radoucit ensuite par degrés et termine très calme. Il refait un signe de croix, s'agenouille, descend de la chaire et se retire lentement en s'essuyant le visage. Tous ces effets seront obtenus simplement en remuant le pouce droit avec plus ou moins de vivacité, ainsi que le médius et l'annulaire qui correspondent aux mouvements des lèvres de l'orateur.

Théo a encore combiné, en développant ces principes et en imaginant divers accessoires de carton, des pantomimes entières à plusieurs personnages, toujours représentés par l'une ou l'autre des deux mains. Telles sont la farce du dentiste qui finit par extirper, non sans des jeux de scène des plus cocasses, une dent grosse comme un pavé de la mâchoire d'un client timoré, celle de la bonne et de ses soupirants : un troupier d'abord, un pompier ensuite, ce dernier étant mis en fuite par l'apparition inopinée du patron de la bonne, qui verse par la fenêtre un broc d'eau pour éteindre la flamme du chevalier de la lance à éteindre les incendies. Cette simple énumération donne une idée des ressources que l'on peut trouver, à la condition d'avoir un peu d'imagination, dans les silhouettes obtenues à l'aide des doigts, sans autre matériel que quelques découpures de carton très faciles à préparer en quelques coups de ciseaux.

Mais c'est là une chose totalement différente du véritable théâtre d'ombres, tel qu'on pouvait le voir chez Séraphin ou au cabaret de Rodolphe Salis, seigneur de Chanoirville et autres lieux voisins de la Butte sacrée. Celui-ci employait, pour ses silhouettes, des dessins découpés dans du carton mince et rigide, et même dans des feuilles de zinc et appliqués contre l'écran, du côté opposé à celui occupé par les spectateurs.

On peut transformer un théâtre de marionnettes, et surtout de pupazzis, en théâtre d'ombres. Il suffit de coller, sur un cadre de bois ou de carton de la dimension de l'ouverture de la scène entre les deux draperies du manteau d'Arlequin, un morceau de mousseline

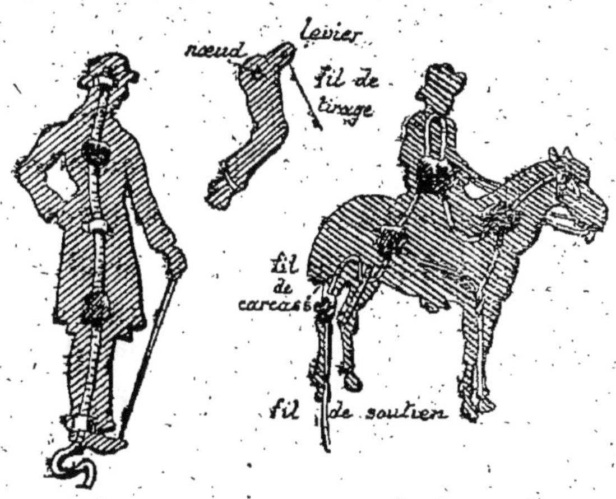

Fig. 22.   Fig. 23.   Fig. 24.
Fig. 22 et 23. — Personnage en silhouette et montage
d'un bras mobile.
Fig. 84. — Cavalier.

glacée parfaitement blanche et très translucide. Du papier à calquer pourrait remplacer cette étoffe s'il n'était si fragile. Ce châssis remplace le rideau d'avant-scène après que celui-ci a été levé ; il est vivement éclairé par une forte lampe à réflecteur (de préférence électrique) disposée sur un haut pied solide au fond de la scène. Une coulisse, au bas de cet écran, servira à guider les silhouettes découpées dans leurs évolutions.

A défaut de théâtre, on peut organiser l'écran comme dans le système de guignol le *Magic* de M. Thiessard, c'est-à-dire dans l'encadrement d'une porte ouverte. Les deux chambres seront tenues dans l'obscurité complète ; seul, l'écran devant se trouver illuminé par le rayonnement de la lampe posée à un mètre de la toile dans la pièce opposée à celle occupée par les spectateurs. Un rideau épais est tendu entre le bas de l'écran et celui de la porte pour dissimuler l'opérateur placé dans l'autre pièce.

Si nous arrivons maintenant aux acteurs, nous dirons qu'on peut s'en procurer des feuilles imprimées aux Imageries d'Epinal. Si l'on sait dessiner, on pourra composer soi-même les personnages ou les calquer sur un modèle quelconque. De toute façon, il faut les reproduire de profil, ou du moins dans un mouvement tel qu'on comprenne bien leur attitude, leur forme et leurs gestes car on ne les verra sur l'écran qu'en silhouette, c'est-à-dire qu'on ne les reconnaîtra que par leurs contours extérieurs.

Ces dessins sont tracés directement sur du papier dit carte bristol bien rigide, ou collés sur cette carte et découpés avec de petits ciseaux en observant les moindres détails. Munissez-vous ensuite de fil de fer que vous collerez à l'envers de vos silhouettes au moyen de cire à cacheter fondue. Ce fil est plié à sa base de façon à constituer une sorte de petite glissière dans laquelle vous introduirez une bande de carton fixée

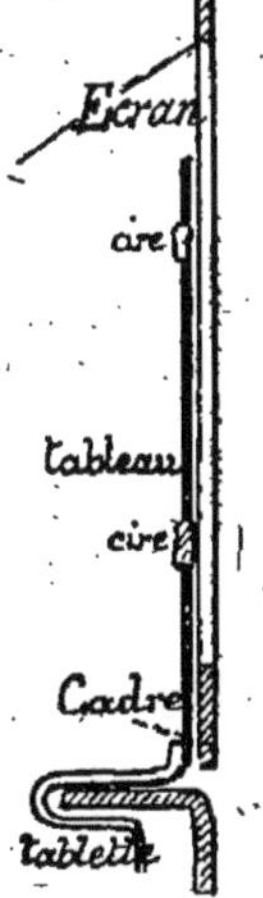

Fig. 25.
Profil du
montage des
silhouettes.

tout le long de l'écran à sa partie inférieure. La profondeur de cette glissière sera calculée de telle manière que, le carton y pénétrant jusqu'au fond, le personnage découpé s'appliquera bien exactement contre la surface intérieure de l'écran.

Alors, pour faire avancer la figure d'un bout à l'autre de la surface éclairée, vous n'aurez qu'à tenir entre deux doigts le bout de la tige dépassant sous le rebord et la pousser en avant. L'avantage de ce procédé sera de maintenir la silhouette toujours à égale distance de l'écran et aussi de pouvoir l'abandonner pour avoir les mains libres afin de saisir d'autres découpures. Lorsqu'il s'agira d'une silhouette un peu compliquée, ou d'un groupe, on fera bien de renforcer le fil de fer principal par quelques supports transversaux supplémentaires, de manière à ce que tout l'ensemble soit parfaitement rigide.

Il est possible de superposer deux plans d'ombres, l'un représentant par exemple un paysage fixe, et l'autre des personnages mobiles se déplaçant devant le paysage. On a même fait mieux encore. On prépare des dessins mesurant plusieurs mètres de longueur et d'une largeur égale à la hauteur de l'écran, et ces dessins sont collés sur du papier calque transparent, si bien que l'on a des silhouettes opaques et dés fonds en couleurs diverses. La feuille ainsi préparée

est fixée sur une baguette de bois ronde servant
de bobine, dressée verticalement entre deux
petites équerres de support sur un côté du cadre

Fig. 26. — Théâtre d'ombres.

de l'écran, puis parfaitement tendue et appliquée
contre cet écran par un second rouleau. Le
commencement de la feuille va s'attacher à une
autre bobine identique à la première et montée
de la même façon, avec un rouleau tendeur,
sur l'autre côté de l'écran. Les deux bobines

sont munies chacune d'une petite manivelle que l'on tourne pour obliger le dessin à passer sur toute sa longueur contre l'écran. Il se déroule donc d'un côté pour s'enrouler de l'autre et peut être réemmagasiné sur la première bobine après son passage.

Mais on n'a, de cette façon, que des images fixes représentant des personnages ou des objets immobiles. Si l'on veut accroître l'intérêt de ces silhouettes et communiquer certains mouvements aux acteurs représentés, par exemple les faire danser, saluer, jouer du violon, etc., si l'on veut montrer un animal remuant la tête, les yeux ou les oreilles, faire tourner les ailes d'un moulin à vent, il faut *mécaniser* ces silhouettes, et on y parvient en munissant les parties à rendre mobiles d'un fil souple s'attachant à un bras de levier, puis guidé entre des glissières collées à l'envers des figurines. En tirant sur ce fil, invisible des spectateurs, on communiquera les mouvements voulus aux pièces ainsi rendues mobiles grâce à ces articulations, Polichinelle dansera, le buveur portera son verre à sa bouche, l'éléphant lèvera sa trompe, etc.

Ce simple aperçu montre quelles variétés d'effets il est possible d'obtenir avec les silhouettes et les dessins en couleur que l'on peut associer sur l'écran, mais ces mêmes effets peuvent être obtenus encore plus complets, comme nous le montrerons plus loin, avec la lanterne à projections associée au besoin avec le projecteur cinématographique.

Théâtre de prestidigitation
et magie noire

CHAPITRE VI

Théâtres de prestidigitation et magie noire

On sait que la *prestidigitation* — mot créé par de la Rovère — signifie *agilité des doigts* et consiste surtout en tours d'escamotage de toute espèce. Il faut que l'opérateur s'applique par ses discours ou *boniments* à détourner l'attention des spectateurs des gestes qu'il veut dissimuler en la faisant se porter sur un point éloigné, en faisant disparaître des objets qui se retrouvent ensuite dans les endroits les plus inattendus. Mais l'escamotage seul serait un peu monotone pour remplir toute une séance, aussi les prestidigitateurs instruits, dont le plus célèbre a été Robert Houdin, lui ajoutèrent-ils d'abord ce qu'ils appelaient la *physique amusante* à l'aide d'appareils préparés et surtout de récipients à double fond, puis les différentes ressources que fournissent l'optique, la mécanique et l'électricité. Parmi les grands *trucs* qui ont fait sensation à l'époque de leur première présentation, je rappellerai le *décapité parlant* de Talrich, la *malle des Indes* de Robert Houdin, la *femme sans corps*, la *Reine des sylphes*, les *spectres* de Robin, le *sarcophage* et le *palanquin* du professeur Dicksonn, la *Stroubaïka persane* de Raynaly, l'*armoire mystérieuse* et la *femme escamotée* de Buatier de Kolta, enfin les *transformations mystérieuses* de Sténégry et longtemps exploitées aux cabarets du *Ciel* et du *Néant*, à Montmartre.

La préparation de ces « illusions » nécessite un matériel assez important et une scène machinée en conséquence. On comprend donc que ces trucs ne pourraient être reproduits sur un petit théâtre d'amateurs et dans des soirées simplement familiales. Mais il n'en est pas de même de la prestidigitation, aidée de la physique amusante, qui permettront de composer une petite séance fort attrayante si des tours sont suffisamment variés et présentés avec habileté. Or, cette habileté peut s'acquérir assez vite en procédant méthodiquement et en se soumettant à un petit apprentissage préalable consistant d'abord, comme le recommande le professeur Dicksonn, à une gymnastique raisonnée des doigts et de la main. On atteint vite une dextérité remarquable et les mouvements qui semblaient impossibles à réaliser en commençant s'exécutent sans fatigue et avec une souplesse incroyable. C'est ainsi qu'on arrive à maintenir collées dans la paume de la main, — à l'*empalmage* comme on dit — plusieurs pièces de monnaie superposées.

On entremêle les tours de cartes et d'escamotage, d'expériences avec des boîtes à double fond, ou avec des trucs où intervient l'électricité, et on termine par une *illusion* du genre de celles que nous avons énumérées et qui demande le minimum de matériel. Voici quelques exemples de tours rentrant dans ce programme :

La brioche fabriquée dans un chapeau. — Vous priez un spectateur de vous prêter un instant son chapeau, de soie ou de feutre, pour une expérience excessivement intéressante de laquelle il aura tout lieu de se féliciter par la suite. Vous le posez sur votre guéridon d'opérateur, et vous tirez d'une corbeille voisine quatre œufs ordidaires que vous faites admirer au public. L'un de ces œufs vous échappe des mains et tombe sur le parquet où le jaune et le blanc se répandent, ce qui prouve bien que ce ne sont pas des œufs truqués. (Vous pouvez aussi bien, pour ne rien salir, le casser sur le bord d'une assiette dans laquelle vous le viderez). Heureusement, ajoutez-vous, il en reste trois autres qui suffiront.

Après avoir retourné le chapeau qui va vous servir de casserole, afin de montrer qu'il est absolument vide, vous le posez sur la table, l'ouverture en haut et vous en nettoyez bien l'intérieur à l'aide d'une serviette que vous déployez largement. Ensuite vous cassez vos trois œufs que vous videz dans l'intérieur du chapeau, vous battez le mélange avec une cuiller, puis vous retournez le chapeau... et il en tombe une brioche : l'expérience a réussi !

En réalité, les trois œufs que vous avez cassés avaient été préalablement vidés en perçant un trou à chaque bout et en soufflant le contenu dans un bol. Quant à la brioche, elle était dissimulée dans la serviette dont on a fait semblant de frotter le chapeau, que vous rendez intact à son propriétaire un peu inquiet sur le sort de son couvre-chef. Vous pouvez d'ailleurs accroître un moment ses transes, à ce moment, en simulant un accident et montrant que vous avez involontairement crevé le fond de ce chef-d'œuvre de chapellerie en montrant votre doigt qui est passé à travers !...

Ce n'est heureusement qu'une illusion : c'est un doigt artificiel que vous avez planté, par une fine pointe dont il est muni, sur le chapeau et que vous escamotez avant de rendre celui-ci au spectateur en lui présentant vos excuses.

L'omelette transformée en colombes. — Ce tour s'exécute à l'aide d'une casserole à double fond, que l'on peut se procurer, de même que le doigt artificiel, chez les fabricants d'instruments de physique amusante. On prépare, avec un œuf véritable et trois ou quatre œufs vides, une omelette que l'on bat et à laquelle on ajoute une cuillerée d'alcool que l'on fait flamber. On rebouche la casserole, avec son couvercle on attend que la cuisson soit opérée, puis on débouche et on retire du récipient..... deux colombes vivantes ayant un ruban au cou. L'une d'elles porte une bague que vous avez demandée à une dame de l'assistance et que vous aviez fait soi-disant disparaître avant de fabriquer votre omelette. Si elle se retrouve au cou de l'oiseau, c'est parce que vous la lui accrochez à une petite agrafe cousue au ruban au moment où vous prenez la colombe dans le double fond où elle avait été déposée avant la séance.

La femme sans corps. — Ce tour est basé sur les mêmes principes que la *magie noire* dont il sera parlé tout à l'heure. Il est présenté de la façon suivante :

C'est une logette entièrement tendue d'étoffe noire à l'intérieur et fermée par un rideau que vous tirez pour montrer votre phénomène : une femme vivante qui n'a que le buste lequel est posé sur une planchette carrée suspendue par deux chaînes au plafond. Vous montrez au public que le corps n'est nullement dissimulé par un artifice quelconque en passant une baguette sous la planche-socle. La femme-phénomène se soulève d'ailleurs en s'aidant des chaînes de façon à montrer le dessous du socle qui la supporte et qui la montre se balançant dans l'espace.

L'explication de cette suspension qui présente un grand effet d'étrangeté est fort simple : en réalité, le sujet présenté, vêtu d'une jupe noire, est étendu à plat ventre sur une longue planche également recouverte d'étoffe noire ou peinte en noir, sauf dans la partie avant représentant le socle sur lequel repose un demi-buste en carton bien capitonné intérieurement et dans lequel

l'artiste emboîte sa poitrine. La planche est supportée à l'avant par les deux chaînes, en arrière
par un fort piton reposant sur un clou-crochet
solide. Une forte lampe éclaire le buste, qui est
enjolivé d'ornements en clinquant et en simili
jetant des feux multicolores, et il est impossible
au public de distinguer la place du corps du
sujet.

Les substitutions. — C'est encore un grand *truc*,
basé sur les phénomènes de l'optique, et qui a
suscité une vive curiosité lors de sa création. Il
dérive du truc des *spectres* de Robin, imaginé par
ce prestidigitateur vers 1863 et introduit dans
plusieurs féeries du Châtelet, et il nécessite,
pour sa reproduction, une grande feuille de
verre, ou glace sans tain, et deux lanternes de
projections ou deux projecteurs à source lumineuse réglable, à l'aide d'un rhéostat si c'est
une lampe électrique, d'un robinet à deux voies
si le foyer est un chalumeau à gaz oxydrique.

Cette glace, qui doit mesurer 0 m. 90 de large
sur 1 m. 80 de hauteur, si l'on veut agir sur des

personnes vivantes, est disposée face aux spectateurs, pas parallèlement à la rampe de la scène, mais dans un angle de 45 degrés. Deux portants, dans le prolongement l'un de l'autre,

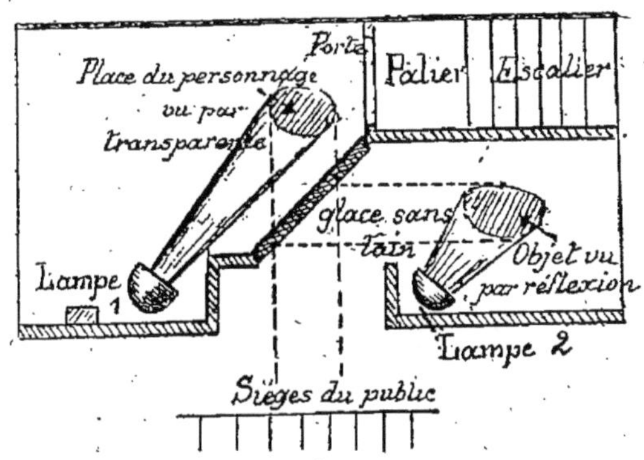

Fig. 27. — Agencement d'une scène pour substitutions.

sont disposés au premier plan, à droite et à gauche de la glace, et deux au second plan.

Le spectacle offert au public est le suivant :

Au début, la scène est obscure et vide, puis elle s'éclaire peu à peu, et l'on voit une personne, homme ou dame, assise ou debout au milieu de cette scène. Petit à petit comme au début, la lumière décroît, et ce personnage se transforme en un squelette hideux qui, à son tour se change en une gerbe de fleurs, celle-ci devenant ensuite une volière remplie d'oiseaux et ainsi de suite jusqu'à ce qu'après une dernière transformation, le premier personnage reparaisse.

Ces substitutions sont dues au fait que les objets sont aperçus, tantôt par réflexion dans la glace faisant fonction de miroir, tantôt directement à travers ce verre dont la transparence doit être parfaite. Il suffit de repérer d'avance la place exacte où il convient de disposer les objets, pour que leurs images se superposent exactement à l'instant du changement, qui s'opère insensiblement, en éclairant de plus en plus vivement l'objet nouveau, tandis que l'autre image, de moins en moins éclairée, s'efface graduellement. Quand l'objet est devenu invisible, on l'enlève pour le remplacer par un autre. C'est encore là une illusion qui fait grand effet et n'exige pas un très grand matériel pour être présenté à la fin d'une séance de prestidigitation bien ordonnée.

THÉATRE DE MAGIE NOIRE

Si les tours de prestidigitation sont rangés sous la rubrique de *magie blanche*, on a réservé le nom de *magie noire* à des tours dont il semble impossible de découvrir l'explication, et qui s'exécutent sur une scène entièrement tendue d'étoffe noire. Or, on sait que noir sur noir ne se distingue pas, et l'on peut tirer de cette remarque les effets les plus curieux, confondant l'imagination des non initiés. On est allé jusqu'à escamoter un cheval vivant par ce procédé ! En 1889, dans le décor de la prison de la Bastille, reconstituée aux environs du Champ de Mars, dans l'emplacement occupé ensuite par la *Grande Roue* de Paris, le professeur Dicksonn, avait organisé un théâtre de ce genre, sur lequel on voyait apparaître et disparaître au commandement une foule d'objets hétéroclites et ordinairement assez funèbres, notamment un squelette, qui, au cours d'une danse essentiellement macabre, perdait ses quatre membres l'un après l'autre, puis sa tête qui s'envolait dans l'espace pour reprendre un instant plus tard leur place normale. Et combien d'autres curiosités de même genre montrait le célèbre prestidigitateur et marionnettiste Dicksonn !

Il est possible de reproduire, dans une soirée familiale, ces phénomènes qui, bien présentés, distrairont l'auditoire pendant quelques instants. Les spectateurs verront apparaître et disparaître mystérieusement, dans les airs, toutes sortes d'objets et même des personnes vivantes, et le succès est assuré, pour peu que l'on accompagne les expériences d'un boniment approprié.

Si l'on ne dispose d'aucune scène, on s'installera tout simplement dans le vide d'une porte assez large, à deux battants si l'appartement en comporte. Une porte ordinaire pourrait même suffire, à la condition qu'elle se trouve à peu près au milieu de la pièce et en face du public.

Admettons, pour nous faire mieux comprendre, que ladite porte relie la salle à manger au salon ou avec une autre chambre. Dans l'une de ces pièces, le salon par exemple, vous ferez asseoir les spectateurs ; la salle à manger sera alors votre scène d'opération.

L'obscurité règne partout. Rideaux et volets sont hermétiquement clos. Comme seul éclai-

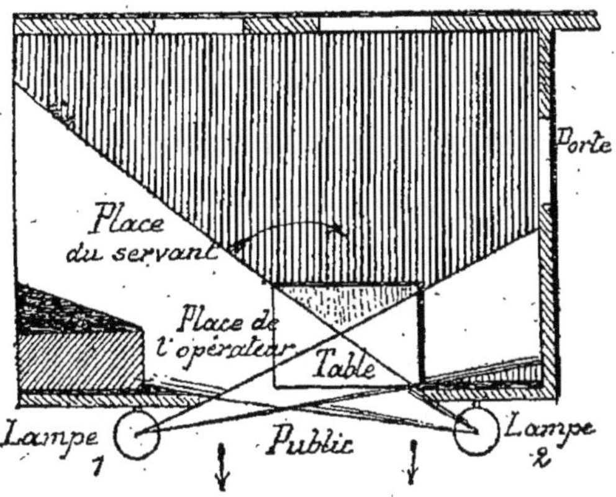

Fig. 28. — Plan de l'agencement pour magie noire.

rage, deux grosses lampes à pétrole ou électriques, disposées devant l'embrasure de la porte et de chaque côté face au salon. Un drap blanc, formant encadrement de l'ouverture, est placé le long du mur sur lequel ces lampes, munies de réflecteurs, sont accrochées. L'emplacement de ces lumières doit être déterminé avec soin et présente une sérieuse importance. Elles doivent en effet, *avoir l'air* d'éclairer l'entrée de la salle à manger, alors qu'en réalité, elles ont pour principale raison d'éblouir les assistants et leur faire paraître encore plus obscure la pièce du fond.

Il faut que la nuit soit la plus complète possible dans cette chambre, et si l'on peut installer dans l'embrasure de la porte un *tambour* ou sorte de guérite en lattes habillée d'un tissu noir mat, l'agencement sera parfait, car la pièce tenant lieu de scène ne doit recevoir aucun filet de lumière, pas même le moindre reflet. Aucun objet de couleur claire, ou reluisante ne doit s'y trouver.

Sur le seuil de la porte et sous la lumière des lampes, bien qu'un peu en arrière, vous placez une petite table ou un guéridon léger, à trois ou quatre pieds, recouverts d'une nappe d'un blanc immaculé. Egalement blancs devront être les vêtements de l'opérateur. Ainsi Dicksonn était-il vêtu d'un costume de satin blanc de marquis Louis XV, quand il apparaissait sur son théâtre de l'ancienne Bastille. La présentation des expériences pourra, de préférence, être faite par une opératrice, une jeune fille ayant plus de raisons qu'un garçon de s'habiller tout en blanc, y compris souliers et bas. Tout cela, parce que le magicien ou la magicienne doivent concentrer toute la lumière sur leur personne. Une demoiselle blonde avec des yeux bleus, et habillée de lainages ou de tissus de coton d'un blanc de neige sera l'idéal, et elle aura soin de se tenir toujours dans la zone de clarté projetée par les lampes.

Mais près de l'opératrice, invisible dans l'obscurité profonde, se tiendra le *servant* ou compère tout de noir habillé. Non seulement ses vêtements seront noirs, mais une cagoule noire couvrira sa tête et son visage, il aura des gants noirs et des chaussons de même, très souples pour ne pas l'entendre marcher. Le servant, pour ne jamais être aperçu des spectateurs, observe de se tenir en dehors du rayonnement des lampes, en arrière de la table, et à l'intérieur du tambour encadrant la porte de communication.

Il est facile d'imaginer le programme de la séance. La magicienne annonce par exemple qu'un tambourin (de couleur blanche ou très claire), placé sur le guéridon, va se mouvoir à son ordre et résonner de lui-même. A l'aide de sa baguette de fée qu'elle promène dans l'espace au-dessus de la table, elle démontre qu'il n'y a aucun fil qui tienne l'objet. C'est alors que le servant s'en empare, en faisant bien attention de ne pas laisser distinguer les doigts noirs sur la blancheur de l'instrument, et l'agite dans l'espace pour faire sonner ses cymbales.

C'est ensuite un bouquet qui surgit subitement d'un vase à fleurs paraissant vide, un aquarium ou une cage qui apparaît sans support visible dans l'espace. La magicienne reçoit dans une coupe qu'elle tend, un vin qui arrive on ne sait d'où, — en réalité d'une bouteille entourée de papier noir mat que tient le servant. — On peut imaginer toutes sortes de combinaisons, d'apparitions et de disparitions qui feront d'autant plus d'effet qu'elles sont inattendues, et qui résulteront simplement de ce que le servan invisible (dont l'opérateur doit paraître, bien entendu, ignorer la présence), retire un voile noir en étoffe opaque cachant les objets à faire apparaître ou replace ce voile pour qu'ils aient l'air d'être escamotés. Enfin, la séance se terminera par un tour qui stupéfiera les spectateurs non au courant du mystère.

LA MAGICIENNE S'ESCAMOTE ELLE-MÊME

Le guéridon, avec tous les objets qu'il supporte est rangé un peu en arrière pour laisser la place libre à la jeune magicienne qui déploie un drap blanc devant elle pour se cacher au public. Elle le secoue pendant quelques instants puis le laisse retomber. Il n'y a plus rien derrière, et au même instant elle reparaît au fond de la salle comme si elle arrivait du dehors, à la grande surprise des assistants.

En réalité, c'est le servant qui agite le drap qui le masque, ce qui permet à la jeune fille de se retirer sans se faire voir, en passant par le tambour et de faire le tour par le couloir pour

revenir par une autre porte qu'elle ouvre au
moment où le servant laisse tomber le drap et
se retire dans la partie obscure de la scène. Si

Fig. 29. — Mécanisme de l'escamotage.

les mouvements ont été bien réglés, l'illusion est
complète, et on croirait qu'elle s'est s'évanouie
dans les airs, sans qu'on puisse se douter par où
elle est passée.

Ces différents tours donnent des exemples de
la variété de spectacles que l'on peut organiser

avec un matériel restreint, au cours de soirées données entre amateurs pendant les longues soirées d'hiver, où l'on cherche à se récréer en famille, sans avoir à engager des dépenses considérables pour l'installation de la scène et des accessoires.

Les théâtres d'amateurs

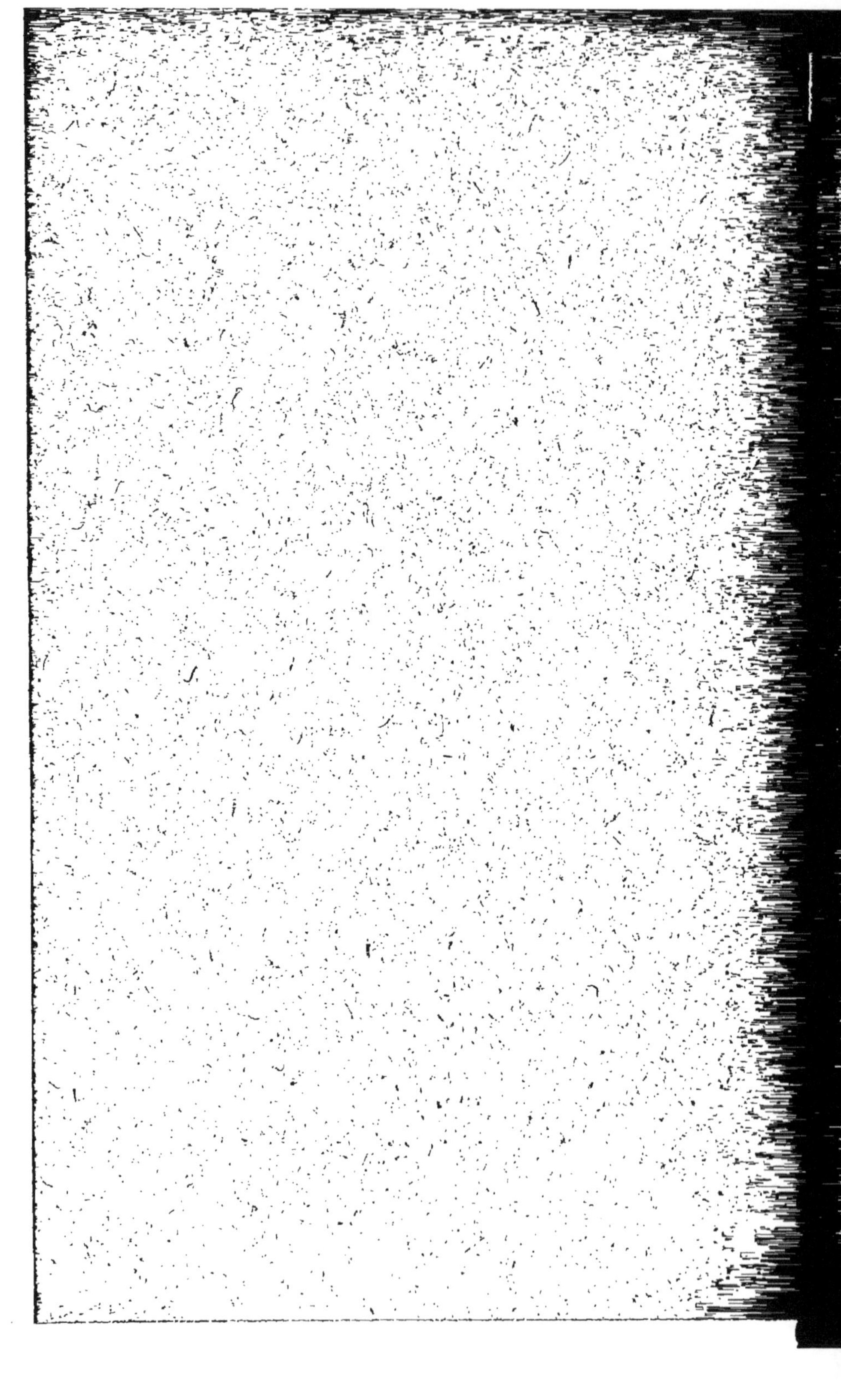

CHAPITRE VII

Les théâtres d'amateurs

Jusqu'à présent il n'a été question que de théâtres en réduction dont les acteurs sont des poupées manœuvrées par des opérateurs dissimulés hors de la vue du public ; nous devons parler maintenant de l'agencement des scènes véritables permettant à des amateurs de théâtre, acteurs bénévoles, de jouer de véritables comédies, comme feraient des acteurs professionnels. Dans ce cas, la condition fondamentale à réaliser avant tout est de disposer d'un local pouvant être aménagé en salle de spectacle, et assez grand pour recevoir une scène, formée d'un plancher surélevé d'environ 1 mètre au-dessus de celui de la salle proprement dite. Cette plate-forme constituera le *plateau* où évolueront les personnages de la pièce.

Le plancher sera donc constitué en disposant sur une série de tréteaux de hauteur convenable, des planches juxtaposées formant un parquet dont les lames sont assujetties à leurs deux extrémités par des traverses clouées. Si la scène mesure, ce qui est suffisant, 3 m. 50 d'ouverture entre les draperies du manteau et 2 m. 10 de hauteur entre le parquet et les frises, les lames de bois (de sapin ou de chêne) auront au moins 4 mètres de longueur et devront être soutenues par trois lignes de tréteaux. Avec une profondeur de 3 mètres, la surface de la scène atteindra 12 mètres carrés. On pourra aussi composer celle-ci de quatre plateaux de 2 mètres × 1 m. 50, soit 3 mètres carrés chacun reposant sur douze tréteaux.

La question du plancher une fois élucidée, on s'occupera de *l'encadrement* extérieur de la scène, et à cet effet, on préparera quatre châssis de menuiserie, deux mesurant la hauteur totale du local où est installé le théâtre et deux la moitié de sa largeur sur 80 centimètres à 1 mètre de large. Les deux premiers constitueront les côtés latéraux de la scène, les deux autres, placés bout à bout et associés par des targettes en bois ou en fer, seront le fronton réunissant les panneaux latéraux.

On dessinera et on peindra sur ces châssis des ornements, des statues, médaillons, motifs architecturaux, etc., ou, si l'on ignore les principes de l'art de la décoration théâtrale, on les doublera de papier de tenture convenablement choisi, mais l'aspect sera moins agréable.

Comme il ne suffirait pas de dresser ces panneaux en les appuyant contre les côtés de la scène, le mieux sera de dresser une charpente simplifiée, en chevrons de bois blanc de 5 à 6 centimètres de côté s'appuyant, ceux verticaux entre le sol de la salle et le plafond, ceux horizontaux reposant sur des tasseaux cloués aux murs, bien en regard les uns des autres. Les châssis de toile peinte seront ensuite cloués sur ces charpentes, qui ne seront visibles ainsi que de l'intérieur de la scène.

Décors. — La décoration se composera, pour un théâtre de ces dimensions, d'un seul plan de coulisses, d'un rideau d'avant-scène et d'une toile de fond, la surface de ces rideaux étant de 8 mètres carrés (3 m. 60 de large sur 2 m. 25 de haut).

Les portants, contre lesquels s'appuieront les châssis des coulisses seront construits de la même façon que les châssis d'encadrement de la scène, c'est-à-dire que deux mâts implantés à leur base dans une large semelle de bois et consolidés par une petite jambe de force, soutiendront les châssis recouverts de toile peinte, ceux-ci étant maintenus simplement par une corde passant autour d'une traverse et du mât, selon la méthode employée par les machinistes dans les grands théâtres. L'assemblage est suffisamment solide et, le portant étant mobile, peut être déplacé dans tous les sens selon le besoin.

Les châssis et la charpente de la façade sont

dressés exactement à l'aplomb de la première lame de parquet du plancher. Les coulisses seront ensuite dressées à 1 m. 50 environ en arrière de cette façade et il restera un espace de 1 m. 50 entre ces plans et la toile de fond, ce qui est suffisant. C'est dans cet espace que sera installé l'escalier donnant accès au plateau depuis l'extérieur.

Le rideau d'avant-scène, de même que la toile de fond, sera fabriqué en toile de bonne qualité en 120 centimètres de largeur. On réunit plusieurs lés que l'on coud à la machine pour les assembler.

On exécute ensuite la peinture du décor en reportant d'abord le dessin à l'aide du pantographe d'après un modèle choisi, ou en dessinant directement sur la toile si l'on connaît les règles du dessin, et on brosse ensuite les couleurs suivant les procédés habituels des peintres décorateurs. La peinture une fois sèche, on procède au montage, consistant à clouer le haut et le bas de la toile peinte sur un bastin de la longueur voulue. Le rideau d'avant-scène doit être cloué, non sur un bâton de section rectangulaire, mais sur un rouleau de bois de 7 ou 8 centimètres de diamètre renforcé par des anneaux de fer placés de distance en distance pour lui donner davantage de résistance. Un ourlet est ménagé à la base et contient un bastin ou perche ayant pour but de bien tendre la toile lorsque le rideau est descendu.

Le rouleau du haut est supporté, à ses deux extrémités, par des consoles en bois fixées aux murs de droite, de gauche ou aux montants de support de l'encadrement de l'avant-scène. Le bras de cette console ou potence porte une ferrure en U recevant le bout du rouleau.

Pour lever ou descendre le rideau avant et après le spectacle, on munit l'un des bouts du rouleau, du côté situé en dehors d'une console, d'une poulie à gorge à joues en zinc, sur laquelle s'enroule une corde de longueur convenable. Il faut penser à ménager un taquet au support d'avant-scène pour attacher la corde lorsque le rideau est relevé, afin de le maintenir dans cette position et l'empêcher de retomber intempestivement pendant la représentation.

Si l'on se contente d'un seul décor pour cette scène d'amateurs, ce décor pourra représenter, soit l'intérieur d'un salon, soit une terrasse, ou tout autre sujet, mais le premier est d'un usage plus fréquent pour la plupart des comédies que l'on pourra entreprendre de jouer sur ce minuscule *plateau*.

Au cas où l'on voudrait avoir une porte praticable dans le décor, pour l'entrée et la sortie des acteurs, il faudrait monter la toile sur un châssis en menuiserie en forme de cadre de la grandeur de la scène, consolidé par des traverses, des montants et des croix de Saint-André. La porte sera à deux battants, s'ouvrant à l'intérieur de la scène, mais il faudra alors agencer en arrière et à une certaine distance de cette porte une toile quelconque donnant l'impression d'un mur et laissant l'illusion que la porte s'ouvre sur un vestibule. C'est par là que les acteurs pourront alors faire leur entrée et leur sortie, au lieu de pénétrer par l'une des coulisses.

Si le décor représente un salon, on pourra meubler la scène après avoir dissimulé le parquet

sous un tapis de grandeur convenable. On pourra
agencer une fausse cheminée au premier plan,
avec garniture en rapport et répartir quelques

Fig. 3o. — Scène d'un théâtre d'amateurs.

meubles : chaises, fauteuils, canapé, table, suivant les nécessités de l'action à représenter, ces
objets étant empruntés au mobilier de l'appartement.

Cette question de l'ameublement réglée, il faut
songer à l'éclairage qui présente, comme pour
tous les genres de théâtres d'ailleurs, une très
sérieuse importance. Là encore, c'est l'éclairage

électrique qui s'impose car c'est celui qui assure le maximum de sécurité, et ce n'est que lorsqu'on ne pourra pas faire autrement que l'on emploiera d'autres systèmes d'éclairage à flamme nue : lampes à pétrole ou autres, suspendues au plafond ou fixées sur les côtés de la salle. Quatre lampes, deux à droite, deux à gauche du piano placé devant la scène et pourvues de réflecteurs tournés vers la scène feront fonction de rampe. Mais, si l'on peut disposer de courant, il faudra 6 lampes à cette rampe, 4 de premier plan (derrière la façade), 4 derrière les portants, côtés cour et jardin, plus un plafonnier à 4 lumières derrière les frises, pour éclairer le plateau et la toile de fond, soit, au total, 18 ou 20 lampes de 16 bougies.

Lorsqu'on ne veut pas se lancer dans les dépenses forcément assez élevées qu'entraîne une construction de ce genre, qui ne se conçoit que pour une installation à demeure, si l'on n'a besoin d'une scène que pour une seule et unique représentation, à l'occasion d'une fête quelconque, on peut trouver à louer le matériel complet chez certains spécialistes. Ce matériel comprend donc la façade avec le rideau d'avant-scène et deux ou trois décors avec les coulisses et frises correspondantes, et le montage en est des plus faciles.

Un écrivain de talent, M. Richard Mounet, a publié, il y a quelques années, un article parfaitement documenté sur le sujet qui nous occupe. Nous en extrairons ce qui suit :

« Au premier abord, rien n'apparaît plus aisé que de transformer en salle de spectacle la pièce la plus vaste de l'appartement. Malheureusement, il n'en va pas toujours ainsi, et le choix de l'emplacement est de première importance à cause des exigences de la mise en scène. Quand on habite quelques-unes de ces maisons modernes où la salle à manger communique avec le salon par une baie vitrée on a, créé par l'architecture même du lieu, un emplacement extrêmement favorable. La baie de communication constitue un cadre merveilleux à notre scène et, qui plus est, un cadre de justes proportions avec les dimensions du logis. Quelques

motifs de décoration théâtrale habilement exé-
cutés le transformeront en parfaite ouverture de
scène dans le goût de celle que représente notre
gravure.

« Les spectateurs auront leurs places tout
naturellement dans le salon pendant que la salle
à manger sera occupée par la scène et par ses
dépendances : coulisses, loges et foyer des artistes. On appelle foyer des artistes, l'endroit où
ceux-ci se réunissent en attendant le moment de
leur entrée en scène. Quelle que soit l'organisation à laquelle nous nous arrêterons, nous devrons
toujours aménager un foyer en raison des exigences de la mise en scène et spécialement pour
les entrées et les sorties des acteurs.

« Si fréquente que soit actuellement l'heu-
reuse disposition dont nous venons de parler,
elle est cependant loin d'être générale, sans
compter qu'on ne demeure pas uniquement dans
les maisons de construction récente. Ailleurs
notre choix portera, autant que possible, sur une
pièce assez grande et pourvue de deux entrées,
dont l'une sera spécialement affectée au service

de la scène. Si cette condition même était irréalisable, on aviserait à y suppléer par une organisation de fortune. L'important est que la pièce ait de telles dimensions qu'on y puisse dresser un plateau suffisant pour qu'on puisse y faire évoluer trois ou quatre personnages dans le décor qui s'y trouvera disposé. Ces difficultés disparaissent d'elles-mêmes quand le théâtre est installé en plein air contre un mur ou, ce qui vaudrait mieux, car tout le monde se trouverait à l'abri des intempéries de l'air, sous un hangar.

« En raison de leur nature même ces différents emplacements exigeront une construction de la scène différente. Quand on a affaire à l'intérieur d'un appartement, on devra construire, ainsi que cela a été dit plus haut, une estrade mobile dont l'élévation au-dessus du parquet sera proportionnée à la hauteur du plafond et variera entre 0 m. 50 et 1 m. 20, selon que le plafond mesure de 2 m. 70 à 3 m. 80 de hauteur. Cette estrade sera légèrement inclinée de l'arrière vers l'avant dans le but de corriger les effets de la perspective par rapport aux spectateurs, et il sera avantageux d'établir cette estrade en deux ou trois parties pouvant être juxtaposées, et qui marqueraient naturellement les plans de la scène.

« Ainsi que pour son élévation au-dessus du parquet, ses dimensions de l'arrière à l'avant seront proportionnées à la longueur, de façon à laisser un certain espace entre l'avant-scène et le premier rang des spectateurs, parce qu'il est de toute nécessité pour l'illusion théâtrale, que la séparation soit absolue entre les acteurs et les spectateurs.

« Le plateau reposera donc sur des tréteaux très bas, creusés de mortaises dans lesquelles s'enfonceront les tenons des supports sur lesquels les décors seront équipés, les dits tenons, descendant jusqu'aux traverses des tréteaux, y seront assujettis au moyen de clavettes. A l'intérieur des appartements les bords des plateaux effleureront les murs, contre lesquels s'appuiera l'encadrement de la scène qui, en haut, s'élèvera jusqu'au ras du plafond, de sorte que nous aurons, décorativement et réellement, la parfaite apparence d'un théâtre fixe. L'encadrement de la scène sera posé un peu en arrière du bord du plateau, de manière à se réserver en avant du rideau l'espace de l'avant-scène.

« Quant aux tréteaux supportant le bâti, on les masquera tout simplement à l'aide d'une bande décorative allant d'un côté à l'autre de la scène et ayant pour hauteur les 30 à 50 centimètres séparant le plateau du plancher.

« L'installation du rideau est également très simple. Sur une tringle dissimulée par la partie supérieure de l'encadrement de la scène, on tend deux rideaux de peluche de coton, ou autre tissu lourd pouvant former des plis harmonieux, et qui se rejoignent au milieu de l'ouverture de la scène, puis on fixe des cordons de tirage plus bas que le milieu, en hauteur, de manière qu'en agissant sur ces cordons, les rideaux se relèvent ensemble. Inutile de dire que le système de tirage utilisé par les tapissiers est ici d'un usage tout indiqué.

« Les nécessités de la perspective, qui exigent l'obliquité des parois du décor, nous garantissent de toute détériorations des murs de notre appartement, contre lesquels seront très légèrement appuyés les étais indispensables à l'équipement des décors.

« Nous voici donc en possession du bâti de notre théâtre. Comme cela est remarquable, il ne se compose que de matériaux extrêmement légers, d'un ajustement et d'un établissement aussi faciles que pratiques et, ce qui n'est pas à dédaigner, aisément logeable quand on ne s'en sert pas. Rien de plus simple à trouver dans une maison qu'un recoin où poser debout nos quelques étais dont la longueur varie entre deux ou trois mètres, les deux ou trois parties de notre plancher et nos humbles petits tréteaux. Il y a bien aussi des décors mais nous verrons en temps et lieu que nous transformerons sans peine un placard quelconque en un merveilleux magasin de décors; pour ce qui est des accessoires ils trouveront leur place tout naturellement dans l'appartement, puisque c'est là que nous irons les chercher selon nos besoins.

« Mais quand nous installerons notre théâtre

en plein air nous aurons tout naturellement à en consolider la fragilité si nous ne voulons pas qu'un coup de vent nous le renverse comme un frêle château de cartes. On le fixera donc, pour plus de sécurité, au sol à l'aide de fils de fer munis de raidisseurs et attachés à des pieux enfoncés dans le sol à quelque distance tout autour. Dans la paroi intérieure, nous ménagerons une porte pour le passage des acteurs et le tout pourra être dissimulé, si l'on tient à l'aspect, par des arrangements de plantes en massifs ou tout autre artifice décoratif.

« Mais si nous disposons d'un hangar, à nous les architectes, les menuisiers, les décorateurs, tous les gens de savoir et de bonne volonté ! Ce n'est plus un théâtre éphémère que nous allons établir, mais un théâtre durable et définitif dans lequel nous pourrons planter des décors plus compliqués que les quatre murs d'un salon, sur la toile desquels la glace, la cheminée et la bibliothèque ou tout autre meuble seront peints en trompe-l'œil, faute de place. Ce sera un théâtre véritable, avec des meubles en vrai, sur lequel nous pourrons répéter régulièrement et qui nous permettra de tenter la représentation aussi bien des chefs-d'œuvre classiques que les derniers succès de nos grandes scènes. Un hangar permet toutes les ambitions, et si l'édification de notre scène nous demande plus de peine, de temps et de travail, nous ne récriminerons pas, étant soutenus par de plus vastes espérances.

« Nous aurons donc à édifier notre plateau sur des tréteaux comme il a été dit, ou, mieux encore, sur une charpente fixe, à la fois simple et solide. L'élévation de la scène pourra atteindre 1 m. 20 au-dessus du sol de la salle. De l'avant à l'arrière, nous diviserons le plateau en quatre plans, y compris l'avant-scène, lesquels plans seront séparés par des intervalles permettant d'y loger les fermes des décors.

« En raison de ces nouvelles proportions, il sera indispensable de doter la scène et ses annexes de l'éclairage électrique, comportant une centaine de lampes pour le moins, montées sur des circuits distincts : loges d'artistes, salle, couloirs et dégagements, puis rampe, herses, portants, traînées, côtés cour et jardin et lointain. Si l'on dispose d'une canalisation de distribution voisine, la dépense ne sera pas extrêmement élevée, mais il en serait autrement s'il fallait fabriquer soi-même ce courant à l'aide d'un groupe électrogène quelconque.

« Possesseur d'une si merveilleuse installation, nous ne nous bornerons plus alors à présenter à notre public une saynète couronnant les parties musicales et récitatives, les numéros de prestidigitation ou autres d'une simple réunion familiale. Nous nous hausserons jusqu'à l'interprétation d'œuvres de longue haleine, et nous aurons besoin alors d'un souffleur qui nous garantira contre nos défaillances de mémoire. Nous lui ménagerons donc, dans la courbe de l'avant-scène, où elle sera masquée par le piano d'accompagnement indispensable, sa petite boîte où il sera mieux installé que dans les coulisses, d'où sa voix est généralement aussi bien entendue de l'acteur que des spectateurs.

« L'encadrement et la décoration extérieure de

la scène pourront entraîner une certaine décoration intérieure de notre hangar, que nous transformerons rustiquement en salle de spectacle,
mais ceci n'est point une cause de souci immé-
diat. La construction de la scène est actuellement la plus importante et la plus nécessaire des
décisions que nous ayons à prendre si nous
tenons fermement à installer un théâtre chez
nous. Evidemment, il y a la question financière
qui intervient et dont on connaît l'importance à
notre époque, mais on peut l'atténuer en utilisant pour les différentes parties de la construction et les accessoires, tous les bois disponibles,
vieilles caisses, liteaux qui se trouvent toujours
sans usage et oubliés dans quelque coin de cave
ou de grenier. La préparation et l'ajustage de ces
divers matériaux n'ayant pas besoin d'être
raffinés, chacun pourra aider à leur établissement pour économiser la main-d'œuvre pro-
fessionnelle rémunérée et ne pas grever le
budget.

« Et maintenant, conclut M. Richard Mounet,
que les architectes et les artisans de théâtre des

familles se mettent à l'ouvrage, les uns cher-
chant les matériaux, les autres les mettant en
état de servir pour que le salon se trouve en
harmonie avec l'emplacement choisi ! »

Le théâtre scientifique moderne

CHAPITRE VIII

Le théâtre scientifique moderne

LES PROJECTIONS LUMINEUSES
CINÉMA EN FAMILLE. — CONCERTS PAR T. S. F.

Le théâtre moderne a utilisé, à mesure qu'elles
ont vu le jour, toutes les découvertes de la
science pour donner l'illusion de tous les phénomènes de la nature. C'est ainsi que la lumière
électrique a été employée à l'Opéra, peu de temps
après l'invention du régulateur à arc voltaïque
par Léon Foucault, pour représenter le soleil
levant, les éclairs et même l'arc-en-ciel. Aujour-
d'hui, on sait imiter le bruit du tonnerre, de la

pluie, du vent avec une perfection qui approche de la réalité. Les *trucs* sensationnels des féeries sont basés pour la plupart sur des principes scientifiques connus : tels sont les *spectres* de Robin, l'eau changée en vin, de *Faust*, les fontaines et cascades lumineuses. On imite sans danger les tremblements de terre, les incendies, enfin nombre de *numéros* attirant le public dans les music-halls sont des applications ingénieuses des lois de la physique et de la mécanique, par exemple le *looping*, le *cercle de la mort* en moto, la *flèche humaine*, etc.

Le théâtre en famille peut profiter également de ces conquêtes récentes de la science qui sont, entre autres, le cinématographe et la téléphonie sans fil. Les spectateurs ont ainsi le plaisir des yeux et celui de l'ouïe.

L'ancêtre du cinéma a été, comme on sait, la *lanterne magique*, dont on fait remonter l'invention au père Kircher vers 1560. Perfectionnée au XIXᵉ siècle par de nombreux opticiens, elle est devenue la *lanterne à projections*, d'une utilité incontestable pour les besoins de l'enseignement. Enfin, la *chrono-photographie* étudiée par le professeur Marey et surtout par Demény a permis aux frères Lumière, de Lyon, de constituer le cinématographe moderne.

Les projections lumineuses, bien mieux que la lanterne magique qui manquait de puissance, permettent de donner des spectacles fort intéressants, d'autant plus que l'on peut se procurer aisément des vues représentant les sujets les plus variés, soit que l'on pratique soi-même la photographie, soit que l'on demande les *diapositives* en location chez certains industriels. Il est possible d'ailleurs de varier le spectacle, en intercalant entre des vues de paysages ou de monuments, des images mouvantes ou mécanisées que l'on peut préparer comme nous l'expliquerons plus loin. Enfin, en adaptant un cône spécial à la lanterne on fera apparaître, considérablement agrandie sur l'écran, l'image d'un objet opaque tel qu'un bijou curieusement ouvragé, le mécanisme d'une montre, etc.

Si l'on dispose d'une source de lumière très intense, tel que l'arc voltaïque, en remplaçant l'objectif par un microscope, on projettera l'image d'insectes très petits et celle des infusoires en mouvement à l'intérieur d'une goutte d'eau croupie ou d'un liquide en fermentation.

La question primordiale, en matière de projections, réside dans l'éclairage de la lanterne, lequel doit être aussi puissant qu'il se peut. Si l'on dispose d'énergie électrique, c'est l'arc qui est la source la plus intense, puis la lampe à incandescence à filament métallique en atmosphère d'azote. Cette dernière est de plus en plus employée pour les postes de cinémas d'enseignement et de famille, car elle est dépourvue de tout mécanisme de réglage. Si l'on n'a pas de courant à proximité, il faut recourir au chalumeau, alimenté d'un mélange d'oxygène et d'hydrogène ou d'acétylène ou encore de vapeurs d'éther, le dard enflammé portant à l'incandescence une pastille de terres rares (thorium et yttrium) qui dégage un rayonnement intense. Enfin à défaut d'électricité ou de générateurs oxydriques, on a encore le choix entre l'acétylène à l'air libre, le manchon à incandescence alimenté de gaz d'alcool et le pétrole qui est la source de lumière la moins puissante de toutes.

Les images que l'objectif permet de projeter, considérablement amplifiées, sur un écran tendu sur un cadre, comme pour les ombres chinoises, sont des clichés positifs sur verre, ou *diapositives*, ou des peintures exécutées à la main sur une feuille de verre parfaitement transparent, que l'on introduit dans une coulisse ménagée entre le *condensateur* de la lanterne et le système optique. Ces vues sont *fixes*, mais on les rend mobiles par des artifices divers.

Ainsi, on peut faire défiler une caravane devant les Pyramides d'Egypte, ou des navires devant le panorama d'une ville, en superposant deux verres dans la coulisse : l'un portant le paysage fixe, l'autre les personnages ou les bateaux. On arrive également à animer des personnages de divers mouvements par des procédés analogues : par exemple une jeune femme est à sa fenêtre qui est ouverte, soudain les rideaux tombent et les volets se ferment. Arlequin est auprès d'une énorme marmite dont il lève le couvercle. Un monstre énorme sort sa tête de la marmite et happe le gourmand. Un Turc apparaît saluant, la main à son turban. Tout d'un coup, son bras s'allonge et il semble tenir sa tête en équilibre sur sa main tendue. C'est ainsi que Molteni, qui fut le plus fameux projectionniste du xix siècle avait combiné une quantité de sujets du même genre peints en couleurs sur verre et animés de mouvements divers. Mais le développement pris par le cinéma a fait oublier ces moyens primitifs, qui eux-mêmes, avaient détrôné la fantasmagorie imaginée en 1798 par Robertson lequel gagna des millions avec cette invention présentée, il est vrai, avec une mise en scène des plus impressionnantes.

Le cinéma ne diffère des appareils à projections qui viennent d'être décrits, que par le mécanisme de passage des vues, lesquelles se succèdent à l'allure de 15 à 16 images par seconde, en s'arrêtant une fraction de seconde dans le jet de lumière projeté par la lanterne,

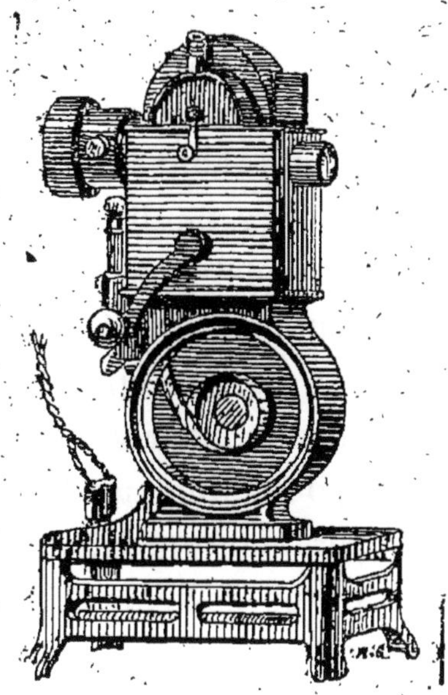

Fig. 31. — Poste de cinéma de salon.

d'où résulte l'illusion d'un mouvement continu.

Il existe de nombreux modèles de postes de cinémas, les uns destinés aux grandes exploitations publiques payantes, les autres, dits cinémas éducateurs, moins volumineux et moins chers, à l'enseignement. Enfin, pour les particuliers et les familles, ont été imaginés récemment les appareils dits *baby*, possédant comme foyer lumineux une forte lampe à incandescence donnant une bonne projection de 1 m. 50 carré à 4 mètres de distance, et dont la construction mécanique est parfaite.

Le *lumicycle* de Gaumont mérite une mention spéciale, en raison de sa conception originale. Il ne comporte aucune source étrangère de courant électrique pour alimenter la lanterne : c'est l'aide de l'opérateur qui fait fonction de moteur. Assis sur une selle de bicyclette, il pédale vigoureusement et fait ainsi tourner à leur allure normale les bobines d'une petite dynamo qui développe la quantité nécessaire de courant.

La grande question à résoudre en matière de projections animées est celle des vues que l'amateur ne saurait préparer, comme les diapositives photographiques et les peintures sur verre, par ses propres moyens. La fabrication des films est une industrie qui a pris aujourd'hui, dans tous les pays du monde, une importance presque aussi grande que celle des chemins de fer, et dans laquelle des capitaux immenses sont engagés. La préparation d'une bande coûte souvent des millions de dollars, en raison de la mise en scène compliquée et des nombreux figurants qu'elle exige. Les exploitants des salles de cinéma n'achètent donc pas les films qu'ils veulent projeter ; ils les prennent dans des agences de location, ou chez les éditeurs qui les louent à tant du mètre, selon la valeur atteinte par le film positif et le succès remporté auprès du public par le sujet de la pièce.

Si l'on possède donc un poste de projections cinématographiques passant les bandes de dimensions normales, on se procurera les films en location dans ces agences bien connues, ou, si on le préfère, on en fera l'acquisition chez certains revendeurs qui soldent les bandes périmées, mais souvent presque hors d'usage en raison des détériorations subies par la perforation et le frottement de la pellicule sensible sur elle-même, ce qui fait que les images apparaissent sur l'écran striées de raies innombrables, quand elles ne sont pas effacées en partie et pleines de trous et d'éraillures.

Les appareils « Baby » passent des films de dimensions particulières et leur prix n'est pas très élevé, ce qui permet de les renouveler facilement sans dépense exagérée. Déjà une *cinémathèque* — collection de sujets de films — comportant un très grand nombre de numéros : documentaires, comiques, dramatiques, etc., a été réalisée par les grands établissements cinématographiques Pathé, de Vincennes, et les amateurs peuvent acheter, louer et échanger leurs films pour varier le programme des soirées données en famille et qui réjouiront petits et grands, étant donné l'attrait des séances de cinéma.

Les projections fournissent un spectacle du plus haut intérêt, mais il est silencieux, et c'est

pourquoi les salles de cinéma publiques adjoi-
gnent à l'écran sur lequel se déroulent, muettes,
les scènes du drame le plus noir, ou de la

Fig. 32.
Poste récepteur de T. S. F. à galène et lampe.

comédie la plus gaie, un orchestre ou, dans les
établissements plus modestes, au moins un
piano. Dans les soirées de famille, il sera bon
de suivre cet exemple, d'accompagner la projection d'un peu de musique, soit au piano, soit

si l'on n'a pas d'instrument ou d'exécutant, d'airs de phonographe.

Toutefois, le phonographe présente un défaut que n'a plus l'exploitation cinématographique depuis l'organisation des entreprises de location et d'échange de films, c'est que la collection de disques dont on dispose ne peut être augmentée indéfiniment, **car** ces disques sont assez coûteux. On est donc **condamné** à ressasser toujours les mêmes airs, ce qui est monotone à la longue et devient même rapidement fastidieux. De plus, l'audition d'un disque ne dure que quelques minutes, ensuite il faut le changer, remonter le ressort d'horlogerie qui s'est détendu, ce sont des dérangements continuels.

Combien supérieure est la musique transmise au loin par les procédés aujourd'hui très vulgarisés de la télégraphie sans fil par ondes électriques! On sait que plusieurs stations émettrices : la **tour** Eiffel, l'École des P. T. T., *Radiola*, etc., ont organisé des concerts dont les exécutants sont tous des artistes de premier

ordre, concerts dont le programme change tous
les jours, et que des transmetteurs radiopho-

Fig. 33.
Haut-parleur pour la téléphonie sans fil.

niques perfectionnés disséminent dans toutes
les directions de l'espace.

Or, rien n'est plus simple aujourd'hui, à la
campagne surtout, que d'installer une antenne
permettant de capter les ondes. Dans l'intérieur

des villes, où cette installation est moins facile
à réaliser, on peut utiliser comme capteur un
cadre orientable placé au-dessus de l'appareil
détecteur et amplificateur des ondes, de préférence composé de plusieurs lampes-audions
convenablement réglées et actionnant un
haut parleur téléphonique dont les sons
peuvent être perçus dans toute une vaste
salle.

Voilà bien le théâtre scientifique de notre
époque : la vision cinématographique de pièces
dramatiques photographiées il y a de longs
mois, souvent à l'autre bout du monde, vision
accompagnée d'une musique exécutée quelquefois à des centaines de kilomètres de distance de l'écran. Il y a là quelque chose de
vraiment fantastique. On eût crié au miracle
il y a seulement deux siècles et brûlé les
cinéastes et sans-filistes comme des sorciers.
Aujourd'hui, ces merveilles ne sont plus capables de nous émouvoir ; ces applications de la
science nous semblent banales par suite de leur
répétition et on se demande vraiment ce que le

vingtième siècle pourra imaginer pour sur-
passer ces deux inventions : le cinéma et la
radio-téléphonie.

FIN

Table des matières

ÉVREUX. — HENRI DÉVÉ, IMPRIMEUR